ヨーロッパ各地で大当たり 剣劇王筒井徳二郎

田中徳一〈著〉

勉誠出版

目次

筒井徳二郎一座海外巡業経路図①（1930～31）

（田中徳一作成）

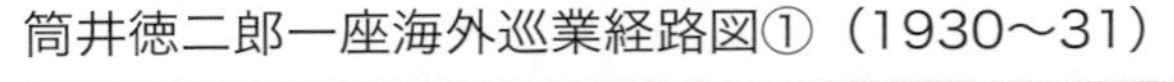

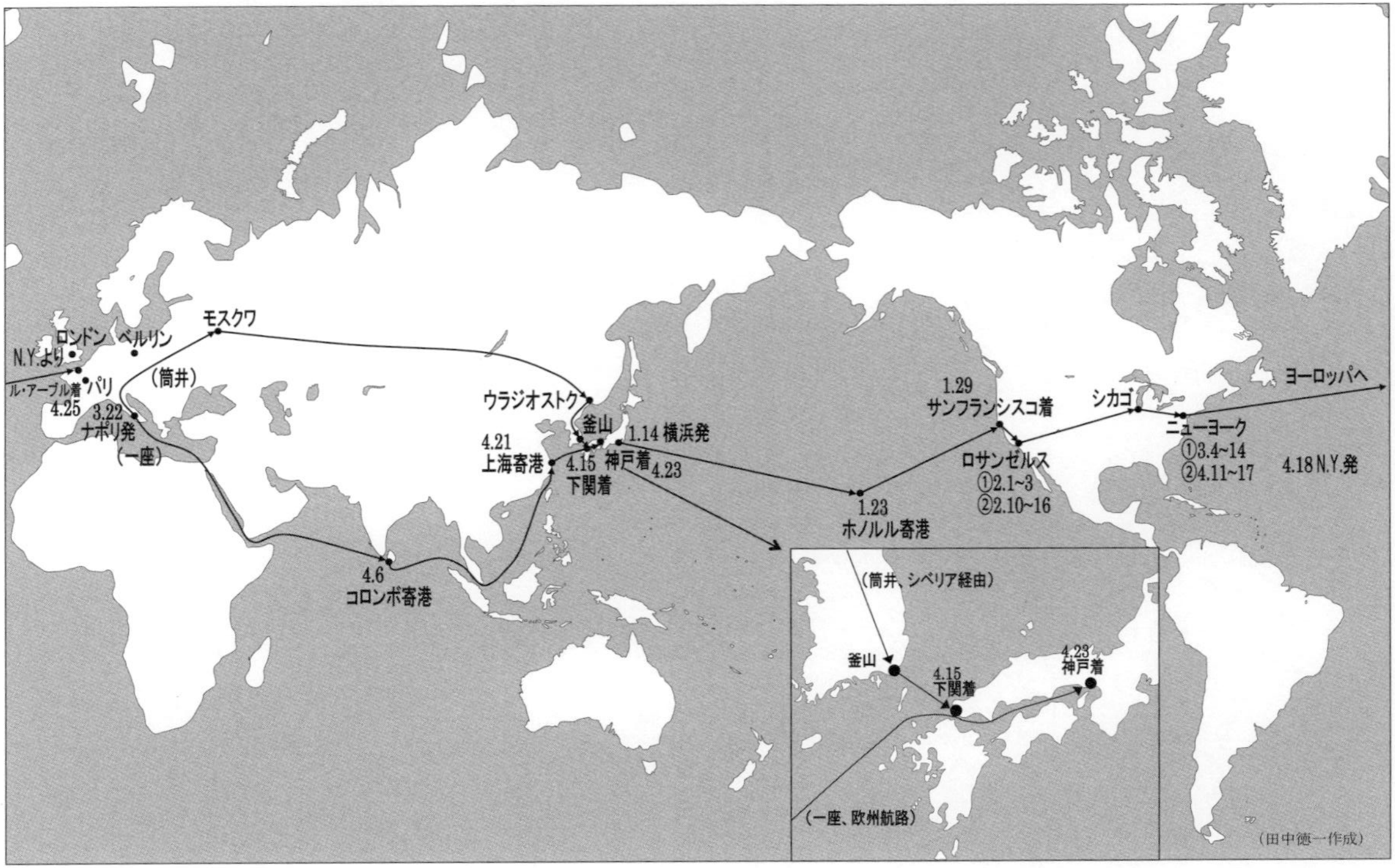

筒井徳二郎一座海外巡業経路図②（1930〜31）

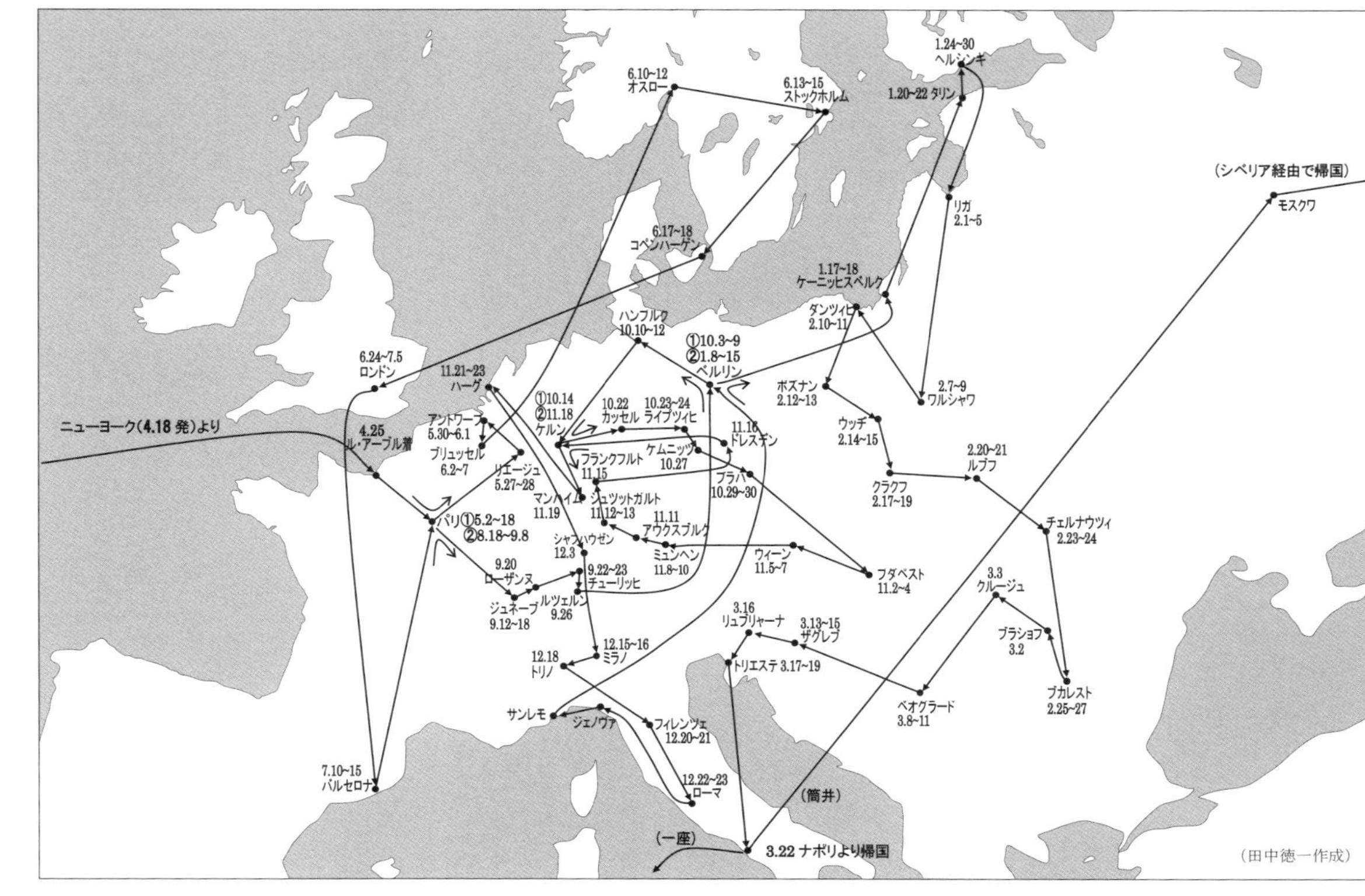

ヨーロッパ各地で大当たり

剣劇王　筒井徳二郎

プロローグ

今日、筒井徳二郎（一八八一〜一九五三）の名を知る人はほとんどいないだろう。大阪生れで、新派役者として出発し、大正後期から昭和初期、剣劇団を率いて西日本を中心に活動した人物である。一九三〇（昭和五）年から翌年にかけ一年三ヵ月、カブキと剣劇をレパートリーに欧米二十二ヵ国を巡業して反響を呼び、「世界の剣劇王」とまで称された。一度にこれだけの規模で海外巡業を行った役者は、筒井以降で皆無であるが、その事績が今日に伝わっていない。小著はこの知られざる剣劇役者の足跡を追ったドキュメントである。

一九三〇年四月二十五日の深夜、大西洋横断列車がパリのサン・ラザール駅に到着した。駅頭には画家の藤田嗣治、日仏協会会長の松尾邦之助、フランス芸術交流発展協会会長のロベール・ブリュッセル等、多数の人々が出迎えたが、列車から現われたのは剣劇の筒井徳二郎の一行だった。男優たちは黒紋付羽織袴、頭にソフト帽、パリの人々はその奇妙な出で立ちに驚いた。一行の中にアメリカから同行した舞踊家の伊藤道郎の姿もあった。この日本の剣劇一座がパリで満都の人気をさらうことになるとは、誰が予測したであろうか。

四月二十八日、午後四時三十分、ピガール座地下ホールで、一座のために盛大な歓迎レセプションが開かれた。日本の文部科学省に当たるようなところが筒井一行を公式に招待して、演劇、文学、美術の各界名士が多数列席のもとに盛宴を張ったのだ。まず文部美術省の局長で芸術アカデミー会員のポール・レオンが、三十年前の貞奴の反響に触れながら歓迎の挨拶を述べた。続いて芸術家協会副会長のジャン・トゥルー、ピガール座オーナーのアンリ・ド・ロートシルト男爵が挨拶に立った。筒井徳二郎も一座を代表して、歓迎会の主催者側に感謝の言葉を述べたが、さぞ晴れがましい気持だったろう。歓迎会の間、ドビュッシーやラヴェルの曲が演奏されたほか、シャンソンも披露され、座に興を添えた。この模様は各種新聞で報道されて、大変な評判となった。

筒井徳二郎のブロマイド（筆者蔵）

翌二十九日、筒井はラジオ番組に出演、生まれて初めてマイクロフォンに向かい、「パリで公演することに日本の一座がどれほど幸せを感じ、どれほど誇りに思っているか」と語った。三十日と五月一日は、本公演に先立ち、ピガール座で試演会を兼ねて舞台稽古が行われ、大勢の招待客に披露された。それが好評で、前評判をあおった。このように芸術使節並の待遇を受けて、幸先の良いスタートを切った筒井一座は、五月二日から、最新設備を誇るヨーロッパ最大の劇場、ピガール座に出演して、絶大な成功を収めることになる。しかしその背景には、藤田の各方面への骨折りと御膳立てがあった。もし筒井が渡米に際し、サンフランシスコ航路でパリ画壇の寵児・藤田嗣治と同船して親しくなっていなければ、このような幸運に恵まれたかどうか。そればかりでなく、アメリカではパリの興行師との思いがけぬ出会いがあり、一座の宣伝に努めてくれたのだ。

筒井徳二郎はパリ公演に先立ち、一九三〇（昭和五）年春、ロサンゼルスの日系人興行会社から招待を受け、伊藤道郎の演出のもとにニューヨーク公演を行っていた。だが折からの経済恐慌の上に、京劇の名手・梅蘭芳一座と鉢合わせるなど、不運が重なり失敗に帰してしまう。ところが捨てる神あれば拾う神あり。幸いにも伊藤の友人、フランスの有力興行師アルノール・メッケルの目に止まるところとなり、はるばるパリまでやって来て、ピガール座に出演、大好評を博したというわけである。ジャック・コポーやシャルル・デュランをはじめとする著名な演劇人たちも、口をそろえて絶賛した。五月二日に始まったパリ公演は、連日大入り満員、三日間日延べして十八日まで打ち続けた。そのため欧州中から公演契約の申込みが殺到することになる。

では筒井一座の反響とはどのようなものだったのか。その一部を覗いてみよう。批評家の多くは筒井一座の芝居にリアリズム劇ではなく、伝統的な日本版画のように様式化された舞台を認めたようだ。

演出は何世紀にもわたる伝統が培ってきた、絵画的な配慮を全般的に施している。一つ一つの身振り、姿勢、表情が様式的な効果を生み、舞台がピシッと固定されたように感じられる。それは一種の静止画の連続のようで、かの名高い歌麿や北斎の版画を見るかのようである。

（『ル・タン』五月五日）

これは一座の芝居全般についての印象であろう。一方、一座の芝居は多様な芸術的要素、例えば言葉、身振り、美術、音楽等の美的調和を表現しているという見方も多く、次はそのような観点から剣劇『影の力』（『国定忠治』外伝）を批評した記事である。

言葉と、身振りと、衣装と、装飾と、音楽とのこれほど正確な調和は、決してヨーロッパでは見られない。規則的な一歩一歩は、もはや歩くことではなく、象徴的な舞踊となっている。刀での切り合いの場面の一挙手一投足は、サムライたちの魂の、美と絶望を表現している。

（『ル・ソワール』五月七日）

忠治が絶望に暮れている間、無関心に鳴き続ける無数の鳥、その鳥の群がる木の下で父親の亡骸にすがりついて泣いている忠治の苦しみ。それを三桝清という優れた役者が、驚くべきリアリティーをもって表現する。

（『フィガロ』五月十二日）

後者は三桝清の優れた身体演技と相まって、海外各地どこでも最も高い評価を受けた場面である。ここでは鳥の鳴き声を表わす効果音ばかりでなく、舞台袖の下座から、語りや三味線の音が響いていたはずである。

筒井は関西劇界で多芸多才の役者として通っていた。新派・剣劇役者でありながら、歌舞伎にも精通していて、国内でも歌舞伎を新解釈で上演していた。次はパリの舞台に掛けた筒井一座の「カブキ」についての批評である。例えば『恋の夜桜』（歌舞伎『鞘当』の翻案）に登場する、豪華絢爛な衣装に身を包んだ花魁たちについて、「蝶々であると同時に菖蒲であり、黄金虫であると同時に薔薇である」（『フィガロ』五月十二日）と形容し、いわば人間的能力を超えた舞台的形象を称えている。いま一つ、歌舞伎の名作『勧進帳』の翻案舞台では、家来の弁慶が主君の義経を金剛杖で打ち、関守がすべてを理解して通行を許可する、義経主従の関所越えについて適切な解釈を行い、見所に言及する。

何とも見事ではないか。そして弁慶を演じる筒井徳二郎が、愛と恐れを秘めて主人を打つこの役者の驚くべき表現力、身振り、品格。（『フィガロ』五月十二日）

このようにパリでは思いがけぬ反響に出会い、筒井はいたく感激したようだ。帰国後のエッセイによれば、ピガール座に開演して「前後類例を見ない盛況」を経験したと共に、「ある反響を意識した」という。すなわち、心を込めて熱演するなら、言語の壁を越えて、異国の人々の心に届くものがあるということを実感した。それどころか、彼はジャック・コポーに招待され、「通訳なしで語り合った」という。誰もが嘘だろうと思うが、つまり言葉は通じなくても、互いに誠意をもって語れば、心のうちは分かり合えるものだということか。コポーは「こんな美しい芝居があるのに何故日本人は厭な近代の泰西劇を真似するのだろう」、「芝居は絵画美と動きと会話とにある」と言って、日本の芝居を盛んに褒めてくれたという。筒井はこのコポーとの遣り取りを通じて、以後の欧州巡業をやってのける自信のようなものを持ったに違いない。

筒井一座の芝居に感動したもう一人の著名演劇人はシャルル・デュランである。彼の筒井礼讃については、新劇人の岩田豊雄（獅子文六）が後にエッセイに書き残している。五年振りにパリを再訪した岩田は、現地邦人から評判の筒井一座の噂を聞いて、アトリエ座の楽屋を訪ねるなり、「あんなものは、カブキでもなんでもない」とデュランに食って掛かった。それに対してデュランは、平然と顔の化粧を落としながら、「ぼくらは筒井の舞台によって、類例のない大きな啓示を受けた。それが真のカブキであろうが、なかろうが、ぼくの問題ではない。ぼくはただ、あの力強い、美しい演劇を礼讃すれば足りるのだ」と主張して、「一歩も譲る気色はなかった」という。

実はフランス人ではないが、もう一人、筒井一座のパリ公演を実見していた重要な演劇人がいた。初の外国巡業でパリ滞在中のロシアの前衛演出家、フセヴォロド・メイエルホリドである。メイエルホリドがヴィシネフスキイの『最後の決戦』を演出中、俳優たちと討論した時の速記録が残っている。彼がパリで歌舞伎を見たと初めて言うのはこの中であり、随所に歌舞伎に言及している。日付は一九三一年一月十五日、筒井一座の芝居を見て数ヵ月後のことだ。メイエルホリドは、単純素朴な内容を効果的に表現することは、歌舞伎俳優やチャプリンなど、優れた技芸を身に付けた俳優にしかできないと主張する。そして「私はパリで歌舞伎の一座を見る機会を得、その時、一座は私がそれまでに見たことのない芝居を見せてくれました」と語っている。この歌舞伎の一座とは筒井一座のことであり、一座から受けた刺激を『最後の決戦』の演出に取り入れた可能性が高いのだ。

以上、パリ公演の反響の一端を覗いてみた。筒井一座はこのように演劇のメッカ、パリで大成功を収めることによって、欧州巡業のスタートを華々しく飾ることができた。それと共に演劇史上に名高い演劇人も一座に感銘を受け、啓発されていたわけである。パリばかりではない。筒井は世界恐慌の吹き荒れる中、欧米二十二ヵ国を駆け巡り、各地に足跡を残していたのである。パリ以外のヨーロッパ主要都市では、ロンドンとベルリンで大きな反響を呼んだ。特にベルリンには当時、第一級の演劇人が集まっていて、マックス・ラインハルト、エルヴィーン・ピスカートア、ベルトルト・ブレヒト等が筒井一座の芝居に強い関心を示したようだ。筒井の海外巡業を、海外に足を延ばしただけの、たかが剣劇役者の無謀な旅興行と片付けるなかれ。一座の足跡が意外にも日欧の近代演劇史の問題と関わるところがあるからだ。一介の剣劇役者がなぜこれだけの反響を呼ぶことができたのか。その真実に迫るのが、小著の目的である。

本論に入る前に、長年、筒井徳二郎の海外公演に関心を持ち続けた一人の歌舞伎俳優に触れておきたい。昭和の名優・六代目尾上菊五郎の長男、尾上九朗右衛門である。九朗右衛門はアメリカ留学中の昭和二十七年頃、アクターズ・スタジオの指導者、リー・ストラスバーグから、

「自分は歌舞伎を戦前にみたことがある。歌舞伎がニューヨークで上演されたことがあるのを知らないか」と言われたことに対し、「いや、私たちにはそんな記録はない」と反論したという。昭和二十八年に帰国したが、その頃、オスローで開催された国際演劇協会（ＩＴＩ）の世界大会に出席した劇作家の久保田万太郎からこう聞かれた。「オスローでアメリカの代表者と会ったが、やはりそのことが話題になった、誰が歌舞伎の上演をやったのか」と。偶々そばにいた伊藤道郎が、それは筒井徳二郎という役者で、実際にニューヨークで日本芝居を公演したと答えたらしい。

九朗右衛門はその後、脳梗塞で倒れた。やむなく歌舞伎の舞台を離れて再渡米し、各地の大学で日本の伝統演劇を教えることになる。そして昭和五十七年頃、コロンビア大学の学生を使い、長年気掛かりだった戦前の歌舞伎公演について調べさせたところ、やはり本物の歌舞伎でなく、新派の筒井徳二郎がブロードウェイで公演した日本芝居であり、その時の新聞記事が、リンカーン・センターのライブラリーで多数見つかったという。

筆者は平成十年三月号の『演劇界』に載った、演劇評論家・土岐迪子氏のインタビュー記事「ONOE KUROEMON in 亜米利加」を読み、以上の経緯を知った。その後、当時ハワイ在住の九朗右衛門氏との間で手紙のやり取りがあった。平成十三年五月、九朗右衛門氏より、一時帰国するので、筒井徳二郎について話をしたいと連絡があり、土岐氏同席のもと六本木・麻布の国際文化会館でお目にかかることになった。お話を伺うと、アメリカ人から、戦前にニューヨークで歌舞伎を見たと聞かされ、ショックを受けたとのこと。後年、コロンビア大学の学生と筒井のニューヨーク公演の調査を行ったが、中断していたので、今度は筆者との共同研究を考えておられたようだ。けれども筆者の調査の進展具合をご覧になって、そこまで進んでいるのなら「是非、一日も早く本にしてほしい。しかも伝記として書いてもらいたい」、「こういうことを日本人は全く知らないから」と激励頂いたのだった。

それから三年後、九朗右衛門氏は八十二歳で他界され、お約束を果たすことができなくなってしまった。事情で出版までに長い年月を要したことをお詫びすると共に、伝記とは言いにくいが、小著を故人に捧げたい。今もって不思議に思うのは、梨園の御曹司が一体なぜ一介の旅回り役者の海外公演に、何十年にもわたって関心とこだわりを持ち続けてきたのかということだ。この疑問を投げかけて、小著を始めることにしたい。

第一章　筒井徳二郎の生涯

1　老舗材木商の息子が新派役者に

筒井徳二郎の名は、後に役者として名乗った芸名である。本名は筒井徳治郎と綴る。筒井は明治十四年十月八日、材木商、十七代目・筒井徳右衛門の子として大阪に生まれた。(1) 芸者との間にできた私生児だったが、間もなく父の家に引き取られる。筒井家は秀吉時代から続く大阪材木商の老舗だった。十二、三歳頃、筒井は知り合いの材木商へ丁稚奉公にやられるが、明治三十年、十六歳で奉公先を抜け出して、芝居の一座に潜入しているのが見つかり、勘当される。そして明治三十一年か三十二年に、道頓堀の小屋に出演中の福井茂兵衛に入門している。

福井茂兵衛と言えば、明治二十四年、自由党の壮士仲間、川上音二郎の東京・中村座公演を

明治33年4月1日、道頓堀・弁天座、佐藤歳三一座『盲唖院』のチラシ。千嶋（ママ）小二郎の名が見える（『松竹関西演劇雑誌』昭和16年より）

千島小二郎時代（筒井本家蔵）

実現させたことから役者になった、新派最古参の一人。門下には喜多村緑郎、村田正雄、熱海孤舟、木村猛夫、酒井政俊等、錚々たる役者がいる。福井は当時、京都に起きた演劇改良会の公演として、明治三十五年九月、南座で『リア王』を本邦初演するなどして、演劇の近代化に努めていた。

　まず筒井の芸名について述べておきたい。意外にも大阪の漫談家・花月亭九里丸の『置土産・笑根系図』（昭和三十六年）に、漫才師・大阪福多郎の師匠として「新派俳優・筒井徳二郎、

前名　千島小二郎」と記されているように、筒井徳二郎の前名は「千島小二郎」だった。資料に初めて千島小二郎の名で現われるのは、明治三十三年四月、道頓堀の弁天座、佐藤歳三一座の『捨小舟』、『盲唖院』に出演した折で、十八歳だった。

その直後の五月、道頓堀の朝日座で喜多村緑郎等の第二次成美団が発足し、翌年から、筒井の師の福井も参加する。そして同年十月、朝日座で『己が罪』が初演されて成功している。一方、翌明治三十四年一月に川上音二郎が欧米巡業から帰国、朝日座の帰朝歓迎公演を皮切りに各地で反響を呼び、四月には再渡欧している。筒井はおおよそこのような時期に新派役者として出発し、修業を始めたのである。

2　役者としての修業

明治三十七年、二十二歳の時、役者を中断し、日露戦争に歩兵として従軍する。参戦した遼東半島の南山の戦いは苛烈をきわめ、その際、左頬に貫通銃創を負うが、九死に一生を得、戦功により勲七等瑞宝章を受ける。

凱旋帰国すると再び成美団に入り、幹部に昇進する。明治三十八年六月より九月にかけて、千島小二郎の名で朝日座に出演、共演者には福井茂兵衛、喜多村、秋月桂太郎、小織桂一郎、山田九洲男等がいた。

明治四十年から大正二年頃まで、千島は主に朝鮮・満州・台湾を巡り、旅から旅に明け暮れた。この間、数多くの役者と出会い、出身劇団の成美団等の新派の舞台にかかって成功した創作劇、翻訳物や翻案劇、喜劇等さまざまな芝居を演じ、多種多様な役に扮して、役者としての修業を積んだ。例えば『己が罪』、『不如帰』、『乳兄弟（ちきょうだい）』、『新ハムレット』、『オセロ』等のほか、新旧合同公演で『絵本太功記』、『寺子屋』等の歌舞伎にまで手をつけている。この外地での修業と体験が後に、芸域の広い、芝居巧者で多芸多才の役者、筒井徳二郎を生む素地になったのではないかと思われる。

新聞の挿絵。楽屋で角火鉢に肘をついて台本の想を練っている千島小二郎（『満州日日新聞』明治43年4月20日より）

大正四年から五年にかけ、千島は都築文男、花園薫等と共に、神戸の多聞座に連続出演し、毎回、悲劇と喜劇を組み合わせて上演している。さらに大正五年から八年にかけて、関西新派の立女形・山田九洲男一派の連鎖劇に参加し、大阪の南地敷島倶楽部等に出演している。そして改名時期である。大正八年三月末に、神戸の日本劇場で行われた国松一（はじめ）のトンボ会一派の『関が原の露』、『焔の振袖』等の公演に、千島小二郎から改名した筒井徳二郎の名で登場する。三十七歳の時だった。

3　新声劇の創立と剣劇時代

大正八年はもう一つの転機があった。九月三十日、弁天座で花村幹雄、辻野良一（芸術座出身）、五月信子、富士野蔦枝、三好栄子（芸術座出身）等と、新声劇の旗揚げしに参加し、『或る伝説の家』で芸妓の親・庄兵衛と工学博士・原田正也の二役を演じている。この松竹専属の劇団は、筒井が関西の新派俳優数名と相談し、師匠の福井茂兵衛を担ぎ出して創立したもので、島村抱月、松井須磨子と続けて主を失って解散したばかりの芸術座の元座員も、関西に流れてきて、主要メンバーに加わったわけだ。

戸籍によれば、新声劇旗揚げの翌年、大正九年五月二十六日、徳治郎は生涯連れ添うことになる大儀エイと結婚している。エイは大阪南の芸者で、南一番の三味線の名手、長唄も小唄も上手だったという。

ところで、新声劇は当初、新派劇を演目の中心に据えていたが、大正九年八月、澤田正二郎と決裂して新国劇を脱退した中田正造、小川隆、小笠原茂夫、伊川八郎が参加するに及び、剣

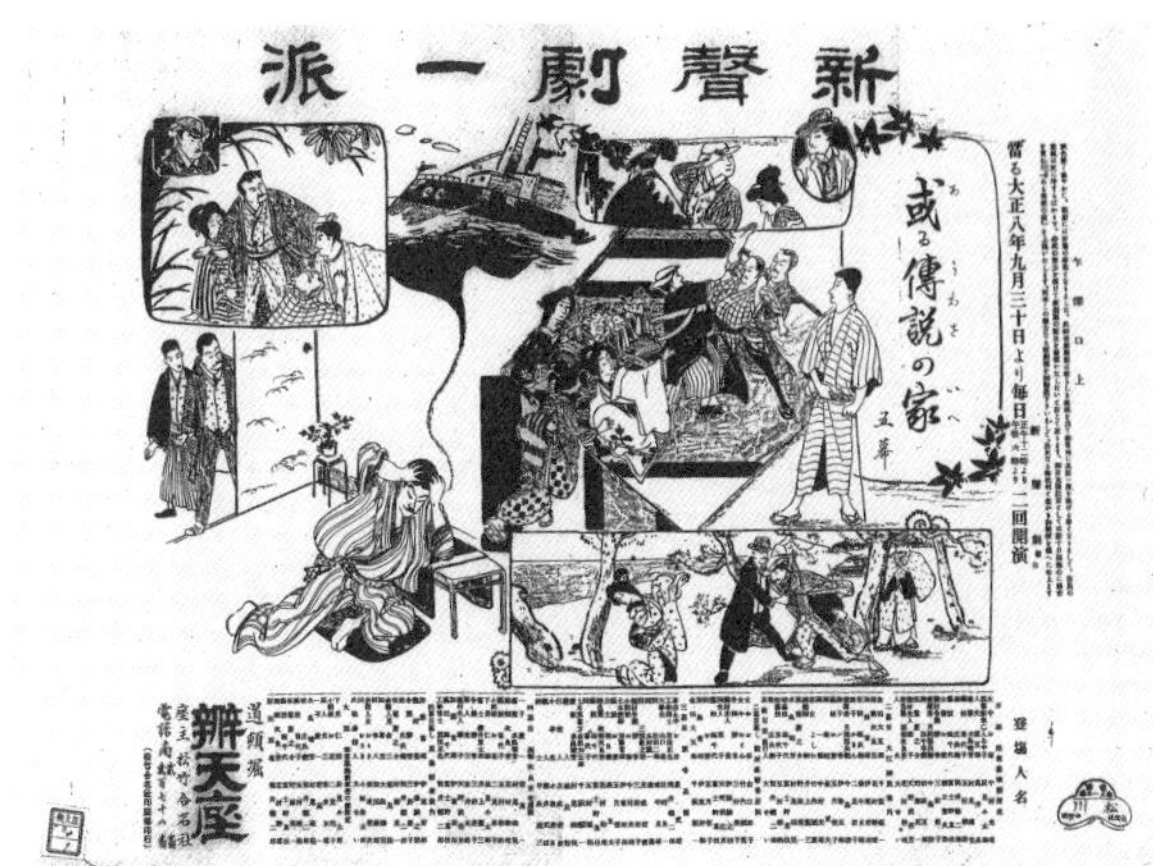

大正8年9月30日、道頓堀・弁天座、新声劇旗揚げ公演『或る伝説の家』の番付（池田文庫蔵）。千島から改名した筒井徳二郎の名が見える。

大正12年4月30日、名古屋・歌舞伎座、筒井一座の文藝団旗揚げ公演『旭旗風』の番付、池田屋の場（御園座演劇図書館蔵）

河内山宗俊に扮する筒井の絵葉書（筆者蔵）

劇専門の劇団に変貌していく。新声劇はその後あまた現れる剣劇団のはしりで、新国劇に対抗する代表的剣劇団として、昭和八年に解散するまで関西劇壇に君臨する。筒井は新声劇の創立者の一人であり、この劇団で手腕を振るったことが契機となり、以後、剣劇界の雄として興行の看板を飾ることになる。

筒井はその後、大正十年七月頃に新声劇を出て、十二年初めに剣劇の一派を起こし、常に八十名以上の一座で、京阪神・名古屋・九州等を中心に、昭和二年頃まで大活躍する。特に名古屋における活躍は目覚ましく、筒井の役者としての芸質と一座の特色を知るには、この時期の活動が参考になる。

筒井が手がけたのは、歌舞伎・講談種に新工夫した髷物や幕末維新史劇で、『旭旗風（みはたのかぜ）』（『近藤勇』）、『大石内蔵之助』、『桜田の快挙』、『江藤新平』、『河内山宗俊』、『幡随院長兵衛』、『大前田英五郎』、『祐天吉松』、『荒木又右衛門』等を主なレパートリーとし、新国劇以上の壮絶な立ち回りを一座の売り物とした。その上、筒井劇は大衆に見せて喜ばせることをモットーとし、常に装置や仕掛けにも新趣向を凝らし、場ごと場ごとの興味で見せる、一種の見世物的なレヴュー劇の感があった。例えば『旭旗風』の池田屋の場では二階から組んで転がり落ちるとか、『元禄の快挙』の吉良邸討入り場面で泉水に本水をたたえて、そこに飛び込ませる等の迫真の殺陣を工夫して芝居の急所に織り込んだ。見物はその痛快で、鮮やかな剣さばきを見るために入場し、それを見て得心したという。

壮年期の筒井。弟子が持っていた雑誌の切り抜き写真（筆者蔵）

一方、役者としての筒井は、修業時代からそうだが、中々の芸達者で、かつサービス精神旺盛だった。例えば筒井の幡随院長兵衛は「押し出しもよく大親分となっていた」（大正十二年十月、名古屋・歌舞伎座）とか、「筒井の荒木又右衛門は天下一品の定評のある極め付きのもの」（大正十五年一月、名古屋・歌舞伎座）とか評される一方で、「筒井の宗俊には幸四郎や吉衛門（ママ）や中車などおよそ天下の河内山役者なるものが日々相次いで出た」（大正十三年三月、名古屋・中央劇場）というし、余技ながら所作事「千本道行の忠信を筒井が演じて居るが物語など鮮やかなもの」（大正十三年八月、神戸・相生座）だったといい、また『舞扇』も得意としたようだ。

しかし役者の柄からいうと、筒井は主役よりも、渋い脇役に優れていたのではないかと思われる。例えば「筒井の江藤新平に、風貌は先ず其の人らしかったが、先生々々と尊敬され人の心を引きつけずにおかぬような、ある力の閃きを持った江藤は出ていない」（大正十三年二月、名古屋・中央劇場）と評されている。それに対して『旭旗風』で「筒井の近藤勇は勇猛並なき新撰隊長の意気を見せ、二タ役目明し伝吉は寧ろ本役であろう」（大正十二年五月、名古屋・歌舞伎座）とか、『天保捕物帳』では「筒井の目明し直吉はワキ役ながら矢張り場はしめて行く」（大正十四年十一月、名古屋・歌舞伎座）と評されて、脇役が冴えていたことがわかる。

後に映画俳優として活躍した永井柳太郎は、大正十三、四年頃、筒井一座にいたことがあり、自伝『芸能界今昔』（大手町企画、昭和五十三年）の中で筒井の人物像について述べている。

先生は、おやじと呼ばれるのがぴたりの人で、関西劇壇の変り種、進取の気に富んだ一方の雄、どんな芝居もこなす、翻訳劇も演れば、歌舞伎劇も新解釈で劇化し、上演もされました。それに育成がうまく、我々若者に、それこそ手を取って訓(おし)えてくれる方でした。

4　海外巡業と帰国後の活動

剣劇が下火となった昭和三年から四年にかけて、山口俊雄の新潮座や新派の都築文男の新潮劇（共に松竹専属）に参加し、道頓堀の弁天座や角座に出ている。昭和四年の三月、新国劇の澤田正二郎が中耳炎で急逝するが、澤正の死は衰微の一途をたどっていた剣劇界にとって象徴的な出来事だった。

丁度その頃、ロサンゼルスの日米興行株式会社では、筒井一派を呼び寄せる準備を進めていた。社長の安田義哲(よしあき)はニューヨークの檜舞台でアメリカ人に日本の芝居を見せることが年来の夢で、筒井に白羽の矢を立てたようだ。どんな芝居もこなす、器用で、芸達者な役者であることが、海の向こうにも伝わっていたのであろう。筒井も当時、役者として行き詰まりを感じていたはずで、渡りに舟、海外公演によって新境地を開こうとしたのではないか。四十八歳の時である。

筒井はこうしてアメリカからの誘いがあって、海外巡業に出かけ、各地で好評を博すことになる。既述の筒井劇の見世物芸的・レヴュー的特色、わかりやすさをモットーとした大衆性、

海外巡業から帰ってきた筒井と出迎える大阪松竹の宣伝部長、鳥江銕也(『道頓堀』昭和6年5月号より)

筒井の芸達者でサービス精神旺盛なところ、これらの要素が欧米でのカブキ・剣劇上演において効果を発揮したであろうことは疑い得ない。

昭和五年一月十四日、筒井徳二郎一行二十二名（男十三名、女九名）は、日本郵船の大洋丸で横浜を出帆、ハワイ経由で同月二十九日、サンフランシスコに到着した。二月はロサンゼルスのフィゲロア劇場、三月、四月はニューヨークのブース劇場とロキシー劇場で公演。演目は『鞘当』、『京人形』、『日光円蔵（にっこうのえんぞう）』、獅子物等の歌舞伎や剣劇で、現地在住の舞踊家・伊藤道郎が米人向けに大胆に脚色、演出したものだった。四月下旬にパリ入りし、ピガール座で公演して大成功を収める。その後、欧州各国を巡業。こうして一年三ヵ月、欧米二十二ヵ国、七十余の劇場で公演を行って好評を博す。欧米巡業を終えた座長の筒井は、ナポリで一行と別れ、単身モスクワへ行き、シベリア経由で昭和六年四月十五日、下関に到着。一座の人々はナポリから榛名丸で帰朝、四月二十三日に神戸に入港している。

神戸・松竹座で三番叟姿の市川猿之助に面会する筒井（『大阪毎日新聞』昭和6年4月22日より）

◇趣味講座◇ ＝（午後七時二十五分）＝

世界演劇行脚

研究的な獨逸と謹嚴な英國の觀客

筒井徳二郎

◇…筒井徳二郎氏

『一般』

『成績』

『日本』

『謹嚴』

『構成』

筒井が出演したラジオ趣味講座「世界演劇行脚」（『日刊ラヂオ新聞』昭和6年5月19日より）

宝塚中劇場で帰朝記念公演の『江藤新平』に出演する筒井(『夕刊大阪新聞』昭和6年7月23日より)

筒井は帰朝後間もない四月二十一日、神戸・松竹座に出演中の二代目市川猿之助に面会し、歌舞伎の欧州公演を検討してほしいとの、ドイツのゾルフ前駐日大使の伝言をつたえている。その後、五月に大阪中央放送局（ＪＯＢＫ）のラジオ番組に出て、「世界演劇行脚」という題で話し、七月は宝塚中劇場で、帰朝記念公演として喜劇『恋愛オリンピック』、漫談レヴュー『世界膝栗毛』、『江藤新平』を上演。八月には大阪中央放送局の放送舞台劇に出演して、欧米で演じたモダン・カブキ『ＡＢＣ勧進帳』を上演している。また同月、吉本興業に請われ、南北花月の納涼演芸会で「世界各国エログロ漫談」を軽妙洒脱に語った。同じ演芸会にはコンビを組んだばかりの近代漫才の元祖、横山エンタツ・花菱アチャコが出演していた。その後、筒井一派は関西地方へ帰朝記念の旅巡業に出発している。だが、このように海外巡業で大反響を呼んで演劇の国際交流に貢献し、帰国の年は大阪で話題の人となった筒井であるが、なぜか翌年からの活動が急に振るわなくなる。

今日の放送の筋と解説 大阪

放送舞臺劇

ABC勧進帳 二景

筒井徳二郎 藤間林太郎 一座

◇……筒井徳二郎さんの辨慶

筒井が出演した放送舞台劇『ABC勧進帳』。右下は義経に扮した藤間林太郎（日刊『ラヂオ新聞』昭和6年8月2日より）

昭和七年一月から、筒井一派は大阪・新世界ラジウム温泉劇場で二ヵ月公演を打つ。演目は剣劇、新派劇、喜劇から成るが、『モダン安兵衛』など、欧米巡業の成果らしいものも見える。翌八年一月、名古屋・御園座で熊谷武雄、都築文男、武村新、伊川八郎、和歌浦糸子等と『生さぬ仲』、『三日月次郎吉』、『琵琶歌』、『河内山宗俊』、『網代木』に出演、岐阜・松竹座を経て、神戸・松竹座で同メンバーにより、新派合同公演を行う。これらの公演は実質、都築文男を中心とした新たな関西新派の旗揚げであり、筒井もこれに参加するが、都築たちとの不和からか、その後は行動を共にしていない。同年九月、筒井一派は再び新世界温泉劇場で一ヵ月公演を打ち、前半は曾我廼家鶴亀と、後半は曾我廼家蝶々と組む。翌九年二月、名古屋・宝生座において、曾我廼家五九郎と共に、弟子の三桝清（欧米巡業に同行）一党に特別出演、四月三十日より、京都・三友劇場において、小波若朗、鬼頭善一郎、山田九洲男、木下千代子、巴蝶子、小松孝子、伊川八郎等の合同劇に出演している。また同年十二月には、名古屋・歌舞伎座で、日活映画で鳴らした河部五郎（新声劇以前からの同僚）、酒井米子の合同劇に参加、『月形半平太』において一文字国重を演じた。

この時期を境に、筒井はしばらく名のある舞台から姿を消す。その後、昭和十四年八月から十五年の四月にかけ、新聞の芸能欄に「劇界の巨星」として登場、名古屋・宝生座で、田中介二一座、小栗武雄一座、関根英三郎一座、阪東勝太郎一座等と交替に組んで、主に特別出演の形で出演している。そして翌昭和十六年十二月一日封切りの、溝口健二監督、全松竹・前進座参加の映画『元禄忠臣蔵』前編（興亜映画）に、筒井は赤穂城の仕置家老・大野九郎兵衛役で出演、これが役者としての最後の仕事となったのではないかと思われる。

海外巡業から帰った筒井は、その成果をもとに新機軸を打ち出そうとしたに違いない。しかし欧米で評判を取ったレヴュー化したモダン・カブキは、一部知識人を除いて、保守的な一般

溝口健二監督の映画『元禄忠臣蔵』前編（昭和16年）に出演した筒井（右端）、中央は河原崎長十郎（『日本映画の展望』岩波書店、昭和63年より）

大衆の理解を超えていたであろう。かといって、古巣に戻るにも、今や剣劇の衰退は著しく、関西で最強と言われた彼の創立した剣劇団、新声劇も消滅してしまい、代わりに大江美智子等の女剣劇が流行するようになる。一方、関西新派の旗揚げにも参加したが、欧米帰りのバタ臭い筒井を素直には受け入れてくれなかったのではないか。筒井にとって欧米巡業一年半の空白は大きく、洋行経験が却って徒となり、時代の波に乗りそこねてしまった感がある。単純には比較できないが、三十年前の川上音二郎の場合との違いである。

筒井徳二郎は今では忘れ去られた役者であるが、以上の経歴から明らかなように、かつては関西劇壇の実力者で、非常に芸域の広い、達者な役者だった。このことを筆者に証言してくれた生き証人がいる。その人は筒井の晩年、隣家に住んで、親しく付き合った牧野正氏(2)であり、筒井が亡くなった時、遺族に頼まれて彼の顔の髭を剃ってあげた程の間柄だった。実はこの牧野氏、大正・昭和の名女形と言われた市川松蔦の弟子で、二代目市川左團次一座にいた元歌舞伎俳優（市川蔦昇で名題に昇進）であり、のち映画俳優（芸名・市川正二郎）に転向し、二枚目スターとして活躍した。

牧野氏によれば、昭和十年代、筒井と一座を組み、歌舞伎の『勧進帳』で満州を巡業したが、筒井の芝居通と役者としての演技の巧さには驚嘆したそうだ。太夫元が弁慶、牧野氏が義経、筒井が富樫を演じたが、筒井の富樫は大変調子が良かったばかりか、四天王の台詞までみなそらんじていて、振り付けも長唄に合わせて全部やってのけたという。とにかく歌舞伎のことは何を尋ねても知らないことはなく、特に大阪の古い芝居や、初代中村鴈治郎、二代目実川延若等のことは、実に詳しかった。かつて大阪松竹の奥役を務め、道頓堀・角座の支配人だった庄野元章が筒井の親友で、彼のことを高く買っており、「芝居のことなら何でも筒井さんに聞きなさい」と牧野氏に言ったという。いわゆる書き物劇（新歌舞伎）の左團次のもとで、あまり古い狂言に触れることのなかった牧野氏は、「私が芝居らしい芝居（古典歌舞伎）を覚えたのは、筒井さんのお蔭です」と言い切り、次のことを強調された。

歌舞伎の名優だって、何でもできるというわけではないのです。その点、筒井さんはどんな役でも即座にこなせた方で、あれほど器用で、しかも巧い役者を外に知りませんね。人間としても面白いし、第一に物をよく知っていました。まず演出家がいて、それに振り回されて動いているんじゃなくて、あの役者は自分の芝居というものを、自分というものをよく弁えていましたね。そういう意味で、ああいう役者はもうこれからは出ないと思いますよ。

海外二十余ヵ国巡業で成功を収めた役者の底力というものは、なるほどこの辺りにあるのだろう。旅回りながら、並の役者にはない、特別な才器を備えていたに違いない。

昭和二十年三月十四日、B29による大阪大空襲で天王寺区国分町の筒井の自宅が焼夷弾の直撃を受けて全焼した。この空襲で、パリ公演の折に画家の藤田嗣治から贈られた絵も、かつて人に作らせた大石内蔵助に扮した筒井の人形も焼失したという。大阪を焼け出された筒井は、妻のエイと京都、嵯峨嵐山に移り住んだ。同年八月七日、広島に原爆が投下された翌日、現地に駆け付け、焼け跡を二、三日必死に捜し回り、友人（弟子かもしれない）を見つけ出した。

贈 筒井徳右衛門氏
筒井徳二郎
昭和廿七年四月十五日嵐山
渡月橋畔にて写ス
人生ハ八十才より
七拾二才ノ春

晩年の筒井。写真は十九代目筒井徳右衛門に贈ったもの（筒井本家蔵）。裏面に「昭和二十七年四月十五日　嵐山渡月橋畔にて写す　人生は八十才より　七十二才ノ春」と書かれている。

その際、強い放射能を浴びた可能性がある。

晩年の筒井は嵯峨嵐山にあって、ある実業家に信頼されて行動を共にし、その人から経済的な援助を受けて、悠々自適の生活を送ったようである。映画俳優の卵が毎日大勢出入りし、彼らに飯を食わせて、面倒を見ることが筒井の何よりの喜びだった。よく撮影現場にも足を運んだし、大映社長・永田雅一とも交流があったという。北条秀司のエッセイ集『北京暖冬』にも出てくる位で、芸界では知る人ぞ知る存在だった。

筒井は最後、再生不良性貧血に

罹った。被爆のせいかもしれない。一時退院した時、病床の筒井を月形龍之介が見舞い、長時間、二人で芸談を交わしたという。

その後、再三の輸血の甲斐もなく、筒井は昭和二十八（一九五三）年八月四日、京都市中京区麩屋町通夷川上る笹屋町四百五十九番地で亡くなった。満七十一歳と九ヵ月であった。戒名は「釋正専」、大阪市北区東天満の真宗大谷派・天満別院にある京徳・筒井家の墓に埋骨された。

注

（1）伝記的な内容は筒井の父、十七代目筒井徳右衛門の曾孫に当たる筒井てる氏、平田喜代氏両姉妹、筒井の姪に当たる本田志津子氏、晩年の筒井の隣人、牧野正氏からご教示頂いた。また子供のいなかった筒井の戸籍の除籍簿を参照できたのも、筒井てる氏始め、筒井本家の方々のご理解とご協力による。

（2）牧野正氏には平成十二年六月二十三日、嵯峨天龍寺のご自宅で聞き書きさせて頂いた。

第二章　渡米への経緯

1　海外雄飛の志

筒井徳二郎は意外に早い時期から、海外雄飛の志を抱いていたようだ。それを伝える資料がある。吉田晴風門下で琴古流尺八の第一人者、美風会初代宗家として活躍し、新日本音楽の発展に功績のあった佐藤晴美（せいび）氏が、『美風』第十七号（昭和三十五年四月十五日）の中で、若き日の小倉時代の思い出話を述べている。阪東妻三郎が一時小倉で不遇をかこっていたが、間もなく映画界に復帰して一躍スターとなった大正十二、三年頃である。この阪妻と相前後して筒井徳二郎一座が当地にやって来て、十八番の『近藤勇』（『旭旗風』）を出した。その時、筒井扮する近藤が満開の桜を背景に切腹する山場で、佐藤氏は請われて尺八を吹いたところ、大変に受けて連日大入りになったという。

しかしこれは本来、薩摩琵琶を奏する場面なのに、劇場の支配人が間違えて尺八奏者を呼んでしまった、いわば怪我の功名だった。打ち上げの日に佐藤氏は座長の筒井に呼ばれて、「自分達は近い将来、欧州へ行きたいと思う。両親に相談して、これからの旅へ同行しないか」と誘われた。心を動かされたが、即答もできず、母と祖母に相談すると、「旅回りの剣劇役者が外国へなど行ける道理がない。絶対に許しません、もし行くなら、今日限り勘当します」と母からきつく叱られ、思い諦めることにしたそうである。

大正十二、三年頃といえば、既述のように、筒井は折からの全国的な剣劇隆盛の波に乗って、飛ぶ鳥も落すほどの勢い、役者として絶頂期にあった。実際に海外に出るのは昭和五年だから、これほど早い時期に志を立てていたとは驚きである。そして長年の念願が叶い、いよいよ海外から招聘の声がかかり、筒井が渡航する段になった時、日本のマスコミには一切取り上げられなかった。それは世間の常識というか、偏見のせいで、旅回りが海外で成功するはずがないと判断したためとも考えられるが、それよりも、筒井がそのような偏見を持った世間に対してあえて知らせずに出発したからだろう。しかし佐藤氏は剣劇役者・筒井の情熱を、若い芸術家の感性で受け止めていた。

この一座は僕の予想にたがわず間もなく欧州へ巡業の旅に出、彼地で名声を博したとか。もしこの一行に参加していたとしたら、私の半生も大きく変っていたのではないかと思います。

2 招聘の経緯

筒井徳二郎一座を呼び寄せたのはロサンゼルスに本社のあった日米興行株式会社（Japanese Theatre Association, Inc.）である。当時、同市北サンピドロ街一三五番（ジャクソン街との角）にあったこの会社は、日本の芸能一座の興行・斡旋等を行っていたほか、日本製映画の興行や米国向け輸出の代理業務も営んでいた。ロサンゼルスの直営映画館には、富士活動常設館があった。『南加州日本人史　後篇』（一九五七）によれば、

南加演劇を隆盛ならしめた裏には日本よりの渡米劇団の影響も大である。ことに一九二七年安田義哲（よしあき）によって日米興行会社が創設されてから渡米した新劇、旧劇、剣劇の諸劇団は相当の足跡を残した。

と書かれてあり、日米興行は南加、すなわちカリフォルニア州南部の演劇文化の発展に少なからず寄与したようである。当時の日系新聞を見ると、この会社の呼寄せで数多くの芸人たちが渡米していることがわかる。

日米興行は一九二四年の移民法制定後、排日運動が激化する中で、日系人たちが抵抗を繰り広げ、南加では最も早期に株式組織が認可された会社の一つである。筒井一座を招聘した昭和五年には、ロサンゼルス本社のほか、東京、京都、大阪、ホノルル、バンクーバー、シアトル、ポートランド、カリフォルニア州七都市に支社を持っていた。創設後三年で、すでにアメリカ西海岸の日系興行関係では最大のシェアを誇っていたようだ。

ところで日米興行の安田社長には特別な野心があった。日系人ばかりを相手にするのではなく、日本の演劇や舞踊を白系アメリカ人に、しかもニューヨークの檜舞台で見せてその価値を知らしめたいというのが長年の念願だった。筒井一座来訪の第一報を伝えたロサンゼルスの邦字新聞『羅府新報』（昭和四年十一月三十日）によると、安田はそのために種々準備してきたという。例えば前年に剣劇の遠山満と小原小春の一座を呼び寄せて、サンフランシスコとロサンゼルスで白人相手に興行させ、相当の損失を招いたが、すべて多年の宿願を果たすための「捨て石」だった。そしてようやく白人方面への本格的な進出が叶って、「剣劇の元祖として澤正の先輩である筒井徳二郎一座」を招聘することになり、二月初旬、ニューヨークはブロードウェイのインペリアル劇場での公演が決まったと報じている。日米興行の依頼で交渉に当ったのは、在米十数年の日本人舞踊家・伊藤道郎だった。

伊藤道郎と言えば、当時、アメリカではイサドラ・ダンカン、アルヘンティーナ、ルース・セント・デニス、ルース・ペイジと並ぶ五大舞踊家の一人と謳われていた。それまでニューヨークで活躍していた伊藤は、当年（一九二九）、ハリウッドに移ってスタジオを開いたばかりだった。交渉の相手はブロードウェイの大物興行師、F・レイ・コムストック。前年、宝塚少女歌劇の渡米公演の交渉で、下検分に来日、問題点を指摘し、渡米公演が不成立になった経緯もあり、日本の芝居の事情についてある程度通じていた。上記新聞だけでなく、ニューヨークの邦字新聞『日米時報』（昭和四年十二月七日）にも「契約成り」と報じられたが、これは日米興行側の希望的観測をそのまま受けた報道だったようだ。その後、伊藤が実際に契約調印のためにニューヨークに向ったのは十二月末だった。

しかしつい二ヵ月前の十月二十四日、ニューヨークのウォール街で株式の大暴落に端を発した経済恐慌の最中、興行界は冷え切っていた。そのためにニューヨークでの伊藤の交渉は難航した。日米興行としても筒井一座が出発の準備をしている以上、事を進めなければならず、一方、日本で待機していた一座は、ニューヨークでの交渉の進捗具合がどうであれ、見切り発車せざるを得ない状況にあった。そして一座が日本を出発する一週間前の一月七日になって、相手は興行師のコムストックでなく、ニューヨークの有名なシアター・ギルド（劇場協会劇団）との間で契約成立と報じられる。

この劇団はブロードウェイの商業演劇に対して、芸術性の高い、文芸物の演劇を目指していて、当時、ニューヨークで十数の大劇場を管理下に置く有力団体だった。『ニューヨーク・タイムズ』（一九三〇年一月九日）も筒井一座は日本人劇団として初来演であること、これまで外国劇団を手掛けたことのないシアター・ギルドがスポンサーになったことなどを報じた。しかしながら二ヵ月後、一座のニューヨーク公演はこのシアター・ギルドでもなく、日米興行自身の手で打たざるを得なくなるのである。

3　出航までの準備

それでは日本で待機していた筒井徳二郎はどのようにして出航に備えたのであろう。日米興行からの招待に応じることを決めた後、まず一行に先立って舞台装置家の龍竹逸郎が渡米し、背景その他舞台道具のすべてを数ヵ月掛りで制作したようだ。彼は一旦帰国し、三日後に筒井たちに同行して再渡米する。

渡米前の筒井の最後の舞台は、昭和四年十一月、名古屋・歌舞伎座で関西新派のスター・都築文男、人気女優の守住菊子との合同公演だった。この公演の後、筒井は渡米公演のためのあらゆる準備に追われたことだろう。例えば宝塚少女歌劇で脚本と演出を担当し、内外演劇に通じた坪内士行（当時は宝塚国民座所属）に、海外での演し物の相談をしている（『大阪朝日新聞』昭和六年五月二十一日）。一方、渡米公演に参加する俳優の手配に奔走した。例えば十二月中旬、筒井は人の紹介で、川上貞奴の弟子である名古屋の岡田須磨子と豊橋の赤木徳子を訪ね、渡米公演の契約を結んでいる（『羅府新報』昭和五年一月十日）。また弟子を使って人を集めさせた。このように、渡米公演に同行したメンバーは、筒井の弟子ばかりでなく、京阪中心に新規に集められた役者たちだった。また東京からも参加者がいた。その関係であろうと思われるが、一座は横浜港から出発している。そして出発前、筒井はしばらく東京で待機し、アメリカからの連絡を待った模様である。

既述のように、当時、日米興行の支社が東京、京都、大阪にあったが、おそらくブロードウェイの劇場との交渉及び契約についての通知は、ロサンゼルスの本社から日本へ電報で伝えられ（昭和三年六月に日米直通電信が開通している）、筒井はさらにその知らせを日本の支社から電話で受け取ったのだろう。

ところで、外務省外交史料館所蔵、昭和四年十二月十一日付、在ロサンゼルス領事発、外務大臣宛「渡米者ノ実情報告ノ件」よると、剣劇・筒井徳二郎一行男女二十二名は、現地の日米興行株式会社の呼寄せで来春一月下旬渡米の予定と報告されている。同じく外交史料館所蔵の『外国旅券下付表一件』よれば、昭和四年十二月二十六日付で、筒井徳二郎を含む二十三名（男十四名、女九名）が渡航地名「米国」、渡航目的「演芸興業」として、神奈川県庁より外国旅券の交付を受けている（二十三名のうち一名は筒井一座のメンバーでないことが後にわかる）。確かに、筒井一座の欧米巡業に参加した武末雲二（芸名・辻十九二、以下、芸名で記す）の旅券[1]一頁にも、同年月日が記されており、「演劇興行ノタメ米国合衆国へ赴クニ付……」と明記されている。そして一月十一日に、一行は東京のアメリカ領事館で、米国移民法による「非移民」の「一時的旅行者」として査証を受けていることが、やはり座員・辻十九二の旅券からわかる。

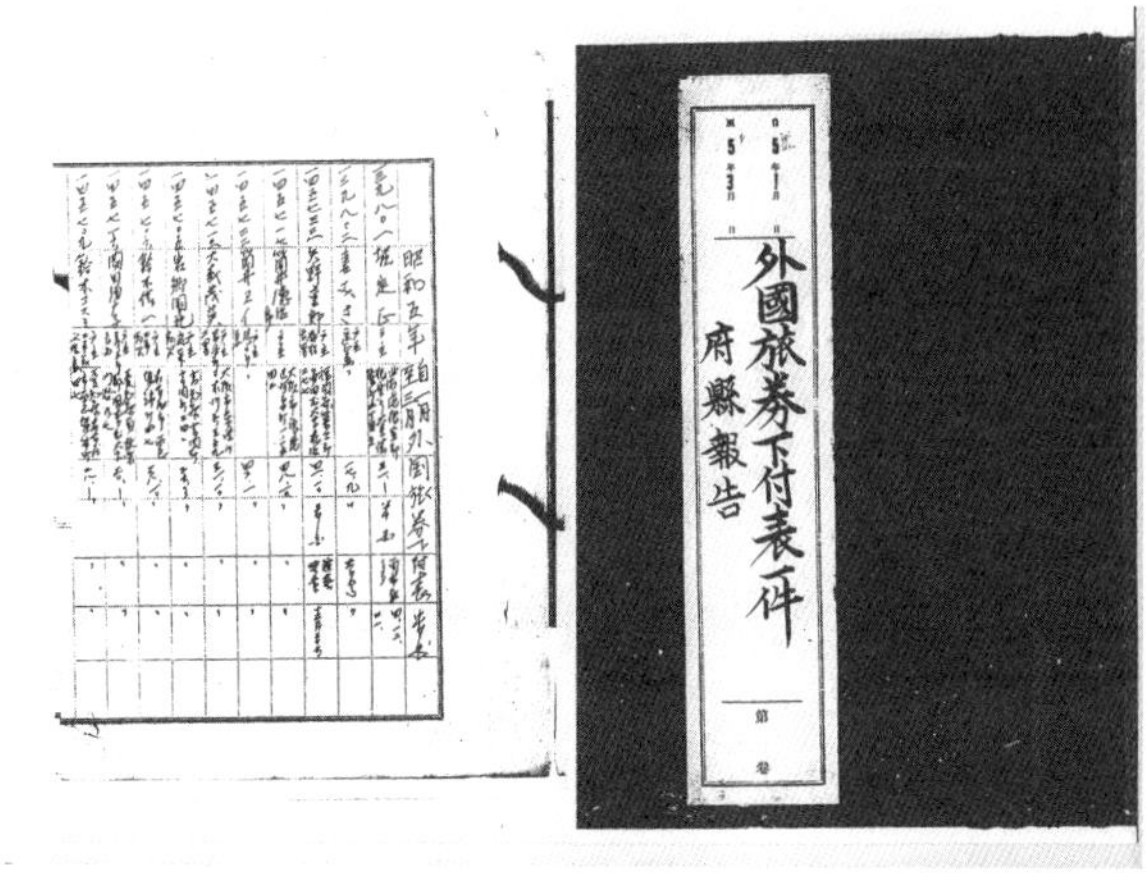

さらに、当時のアメリカは到着港での検疫が厳しく、二等と三等の船客は、合衆国移民規則により、出航数日前から乗船地で検眼及び十二指腸虫

『外国旅券下付表』（外務省外交史料館蔵）

検査を受けなければならなかった。筒井一行は三等船室だったから、この健康検査を受けたはずである。こうしてアメリカ領事査証済旅券、種痘済証明書及び無病証明書を用意した上で、乗船切符を購入、これで準備万端整い、筒井一行はいよいよアメリカに向けて出発できることになった。

以下に、筒井一行として渡米した二十二名の座員（男十三名、女九名）を芸名で記す。もとからの筒井一派に加え、京阪・東京を中心に新規に集められた混成一座で、年齢は団長の筒井が最年長の四十八歳で、最年少が十五歳、平均年齢三十歳という一座だった。筒井の妻も下座（囃子方）として加わっている。

筒井徳二郎（団長、座長）	御園艶子	鈴木すみ子
泉一作	上野一枝	春日野まさ子
山中實	岩田英一	吉田實（下座音楽）
三桝清	辻十九二	筒井えい子（下座音楽）
千草桃代	小野田長三	佐藤たき子（下座音楽）
森肇	長谷川泰市	龍竹逸郎（舞台装置）
山田好良	岡田須磨子	
菊地靖祐	赤木徳子	

4　米国への旅立ち

以上の筒井一行二十二名は、いよいよ昭和五年一月十四日、横浜港よりアメリカに向けて出航することになった。当時、東京駅から横浜港に向う横浜港臨港列車があった。これは日本郵船株式会社の船舶が、サンフランシスコ航路でアメリカに向けて横浜港を出帆する当日に限り運行する特別臨時列車だった。午後〇時三十分に東京駅を発ち、新橋、品川を経て、午後一時十八分に横浜港駅に着くことになっていた。当日、筒井一行もこの列車を利用して、出帆する岸壁まで行ったのかもしれない。

豪華客船・大洋丸（日本郵船『桑港航路案内』昭和3年より）

一行が当時の巨大豪華客船の一つ、日本郵船の大洋丸（一万四千五百トン）に乗り込んで、横浜港を出帆したのは午後二時か三時頃であったろうと思われる。「桑港航路御乗船案内」（日本郵船）によると、「午後三時出帆」[(2)]となっているが、座員・岡田須磨子が残したメモには

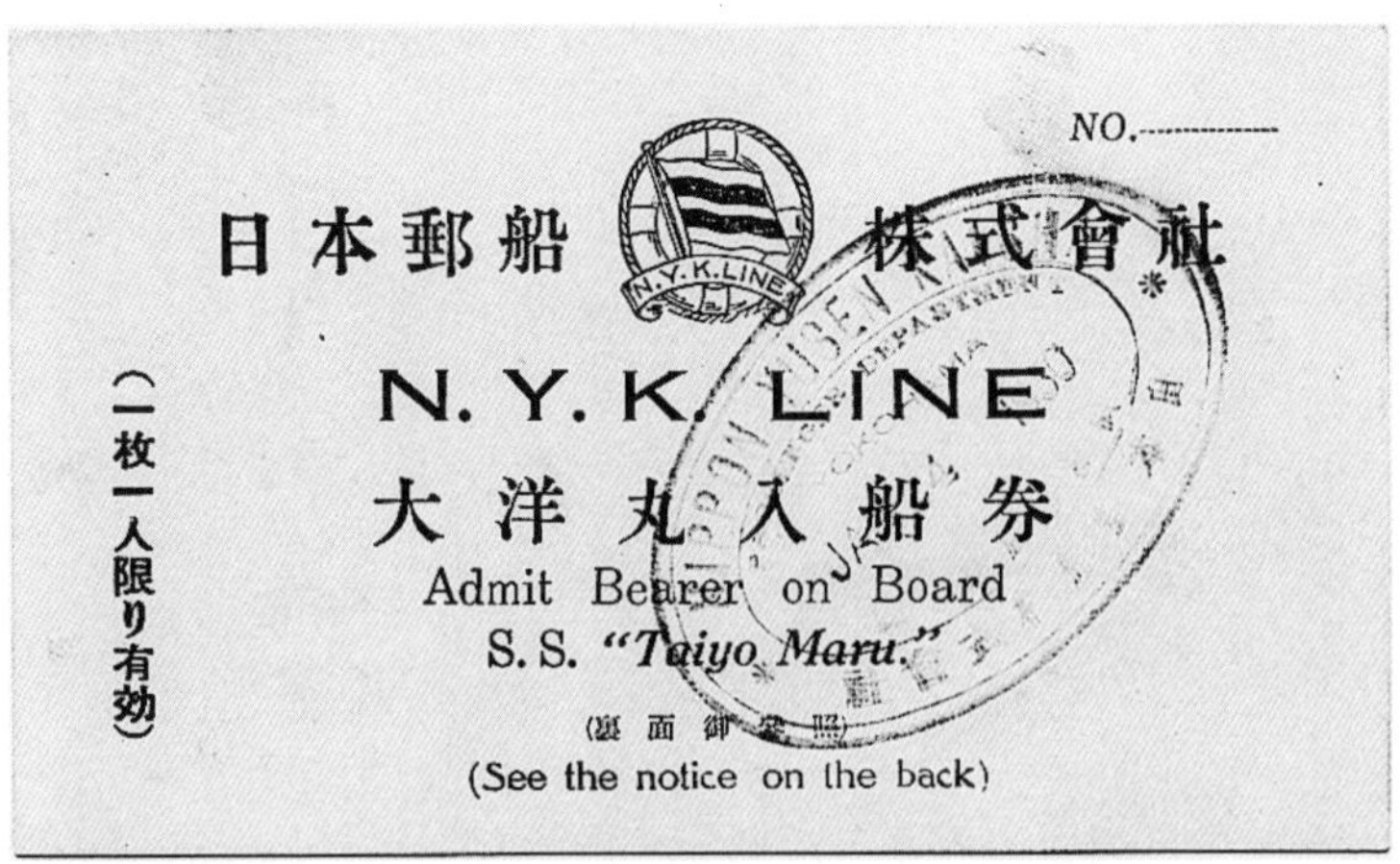

1930年1月14日付のスタンプが押された大洋丸入船券(筆者蔵)

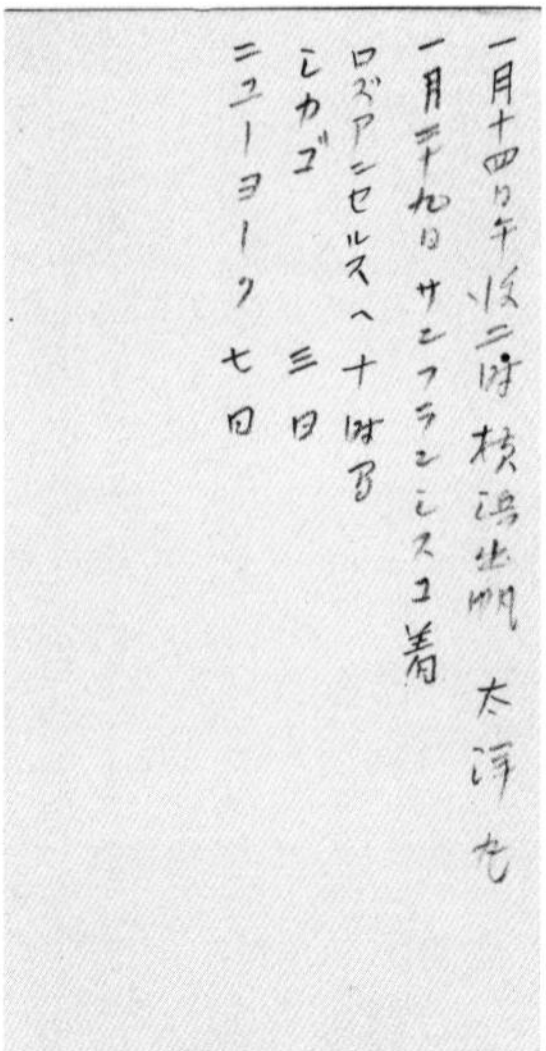

座員・岡田須磨子のメモ(筆者蔵)

「一月十四日午後二時　横浜出帆　大洋丸」と記されている。このように実際の出航時刻は特定できないが、筒井一行がこの日の大洋丸で横浜を出航したことを証明する直接資料が残っている。それは岡田が船に乗り込む際に所持していた「大洋丸入船券」であり、そこに、その時に押された“YOKOHAMA JAN 14 1930”というスタンプの文字が読み取れる。

　こうして筒井たち一行は、確かに昭和五年一月

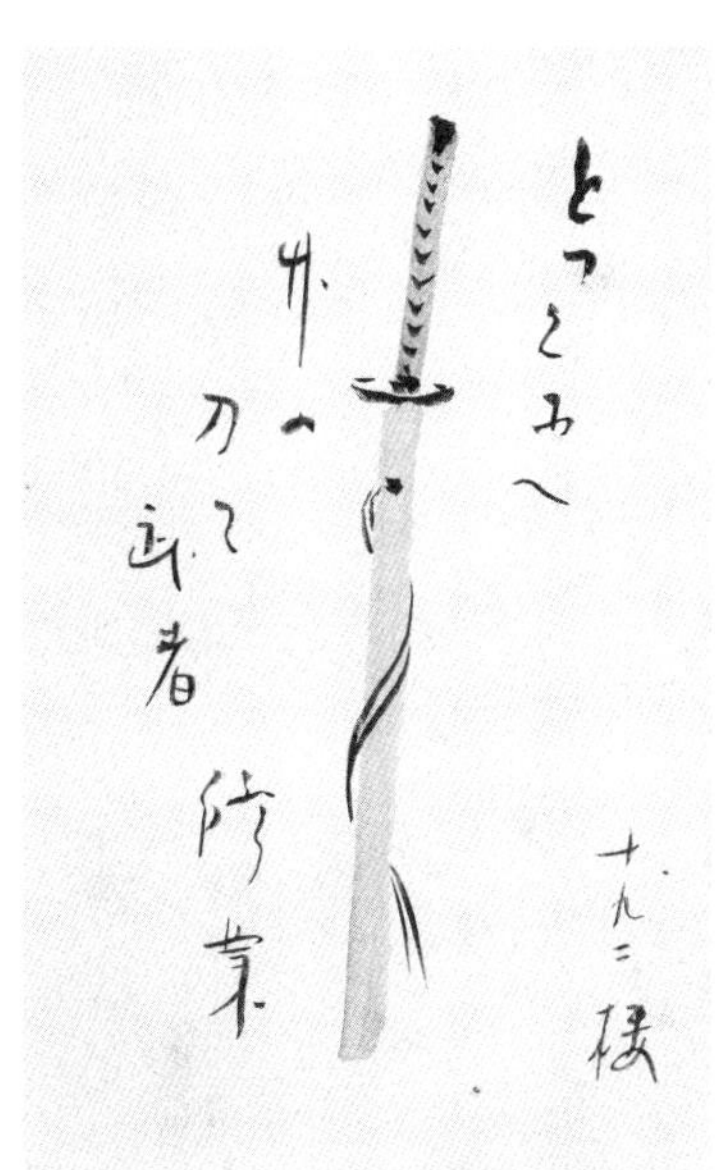

海外公演に用意した筒井のブロマイド写真と裏面の俳画（筆者蔵）

十四日、横浜港から日本郵船の大洋丸に乗って渡米公演に旅立ったのだった。その際、関係者の見送りは受けたようだが、マスコミに注目されることのない、静かな旅立ちだった。しかし筒井の胸にはひそかな気概があったはずだ。渡米公演に出発するに当って書いたと俳画（ブロマイド写真の裏面）には、

とつくにへ竹の刀で武者修業

（十九二楼（とくじろう））

と賛が記されている。役者としてもう一度「武者修業」に出るつもりで海外へ飛び立とうということであろうか。けれどもそこには、海外で成功できる保証など

大洋丸甲板上の筒井（右端）と藤田嗣治（中央奥）（『宝塚新聞』昭和6年7月6日より）

全くないことへの不安と、無謀なことをする自分の愚かさを笑う気持も込められているような気がする。筒井は横浜を発った直後の心境を、帰国後のエッセイ「漫談・欧米の旅」（『道頓堀』昭和六年六月号）で次のように綴っている。

大洋丸は観音崎の鼻（ママ）を出ると急に速力をはやめた。顧れば夕空にクッキリと浮出た富士！　それは私等を見送って呉れるの？　絵のように美しい姿も今がもう見納めに成るかも知れぬと思うと、未練にも去り難い気がして……と

サンフランシスコ入港前の筒井一座の女優たち（*Los Angeles Times*, February 4, 1930より）

云った処で今更降りる訳にも行かないが、名残り惜しさに涙さえ出る。（……）私は今、此の洋上に氷の如な冬の夜の潮風を浴びて始めて心の平静を取り戻すと、どうも出発前の考えが余り馬鹿々々しかった事に気がつくと同時に前途が誠に不安に成って、寧ろ不用意に船へ乗込んだ事迄後悔し出した。噫私は飛でも無い喜劇役者だ、此の洋行の決着は一平漫画の敵討か、竹の刀の武者修業、勝敗のほど甚だしく心細い。〔新漢字以外、原文のまま＝引用者注〕

これは実際日本を後にした時の、筒井の偽りない、しかし趣旨に賛同して同行してくれた座員には決して語れない心の内だったであろう。日本人の一座で本国から直接ニューヨークに乗り込むのは史上初のことであり、在米邦人ではなく、アメリカ人に芝居を見せて成功できるかどうかの重い責任が彼の両肩にかかっていたからである。ニューヨークで成功すれば、その後はアメリカ国内を巡業する予定だった。

筒井一行を乗せた大洋丸は、香港発、上海・神戸・横浜・ホノルル経由、サンフランシスコ・ロサンゼルス行の北米航路船だった。筒井たちは三等船室だったが、一等船室には、前年九月にユキ（リュシュー）夫人を伴って十七年ぶりに帰国し、再びアメリカ経由でパリに戻る途中の画家・藤田嗣治が同船していた。当時、藤田はパリ画壇の寵児として盛名を馳せていた。船中で互いに親しくなったのだろう。筒井はそれから三ヵ月後のパリ公演に際し、色々藤田の世話になる。

また一等船室には、やはり日米興行が招待した歌舞伎の助高屋助蔵（当時、帝劇名題）一行十七名も乗り込んでいて、こちらはハワイと北米西海岸で邦人相手に興行することになっていた。実は剣劇の筒井一座と歌舞伎の助高屋一座の招聘は、日米興行が日本に支社を置いて初めて手掛ける仕事だったのである（『布哇報知』昭和五年一月二十三日）。両一座が同じ興行会社の招待で、しかも同じ船で日本から出発したにもかかわらず、この極端な待遇の違いは、当時の日本における俳優の序列と社会通念をそのままに反映していて興味深い。

筒井一行を乗せた大洋丸にはいま一つ、人間ではないが、世間が注目するものを積んでいた。それは金塊だった。一月十一日に浜口雄幸内閣のもとで金解禁となり、大洋丸は金輸出の第一船として、金塊五十八万ドルを積んでアメリカに向ったのだった。しかし国際経済の中で金融の標準化をねらったこの金解禁は、折からの世界恐慌の影響下で、大量の金流出を招いて経済不況を引き起こし、浜口内閣の命取りとなる。

注

（1）この旅券は宮崎県在住の長男、武末美勝氏が所蔵されていて、参照させて頂いた。

（2）元座員の川口（旧姓：岡田）須磨子氏及び娘婿の朝倉文次郎氏夫妻のご厚意により、海外巡業中の数々の資料をご寄贈いただいた。このメモ用紙もその中の一点。

第三章　海外二十余ヵ国巡業の軌跡

ここでは筒井徳二郎一座が海外各地をどのような経路と日程で巡業したのか、その軌跡を若干のエピソードと共に明らかにしたい。芸能一座の海外巡業を調査するには、巡業日誌の類を拠り所にするのが常識であろうが、残念ながら筒井一座の場合はそのような資料は残っていない。そこで長年月を要したが、当時の内外の新聞、特に現地の新聞・雑誌を始めとして、公演プログラム、公演ポスター、座員が持ち帰った旅券、日付入りの写真、ホテルのステッカーや宿泊カード、座員が日本に送った私信等、様々な原資料に当たり、現地調査と資料分析を繰り返すことで、一座の移動を跡付けることにした。中でも座員が巡業中、お守りのように肌身離さず携行した旅券は、トランクに一枚一枚貼って旅して回ったホテルのステッカーと共に、一座の足取りを辿るための有力な手掛かりとなった。

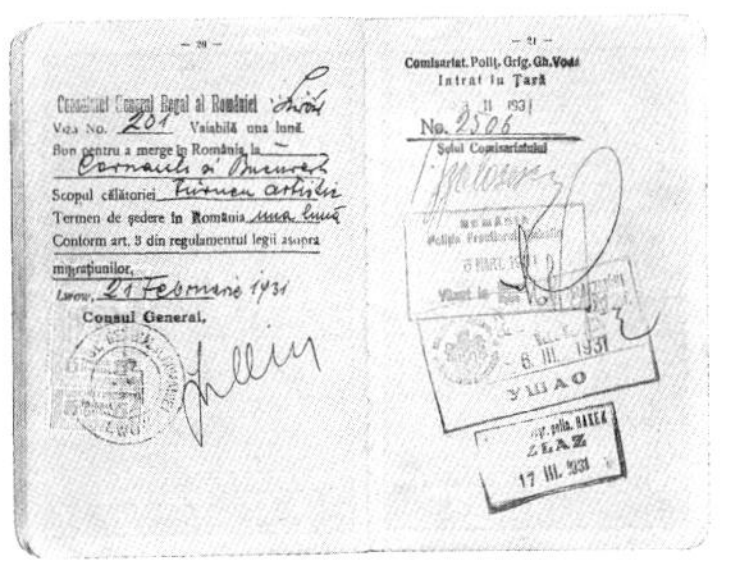

座員の旅券（武末美勝氏蔵）

座員が持ち帰ったホテル・ステッカー（筆者蔵）

現在までに入手している当時の資料によれば、筒井一座は一九三〇年一月から翌年四月にかけて一年三ヵ月、海外二十一ヵ国を巡り、六十二ヵ所の劇場で公演したことが確認できており（筒井自身は二十二ヵ国、七十ヵ所以上を巡ったと言っているが)、ほぼ全域の経路と日程を明らかにすることができた。一座の海外巡業は大きくアメリカ巡業とヨーロッパ巡業に分けられ、ヨーロッパ巡業はさらに三期に分けられる。以下、地域ごとに一座の軌跡を辿っていきたい。

1 アメリカ巡業

ロサンゼルスの日米興行株式会社から招待された筒井徳二郎の一行は、一九三〇(昭和五)年一月十四日午後、日本郵船の大洋丸(一万四千五百トン)に乗り込み、横浜港を出帆した。一月二十三日午前八時、大洋丸はホノルルに寄港、日米興行ハワイ支社の加藤要、瀧澤勘一両氏の案内でハワイ報知社へ挨拶に訪れ、同日午後四時にホノルルを出港した。筒井一行がアメリカに着いて新聞記者に語ったところによると、太平洋を航海中、毎日三時間、大洋丸の大舞踏場で芝居の稽古に励み、アメリカ公演に備えたようだ。

ようやく二週間の長船旅を終えた筒井一行は一月二十九日午前八時、サンフランシスコに入港した。その日はフェアモント・ホテルと加州ホテルに投宿。翌三十日、一行はSP線(サザン・パシフィック鉄道)に乗って、午後七時四十五分にロサンゼルスのセントラル・ステーションに到着した。駅頭では筒井が刀を抜いて女優と剣劇の一場面を披露し、大勢の出迎えの人が見物する中、人力車に花形女優が乗り込み、筒井たちの乗ったタクシーと共に、駅から日本人町を一巡してホテルへ向かった。筒井夫妻、幹部女優の御園つや子と千草桃代はアンバサダー・ホテルへ、その他の座員はオリンピック・ホテルへ分宿した。

翌三十一日午後七時より、一富士亭で日米興行株式会社によって筒井一座の紹介宴が催されたが、安田社長は一座招聘の目的を述べ、筒井座長も渡米の抱負を語って挨拶し、幹部女優と共に踊りを披露した。

二月一日から三日まで、大和ホールにおいて、日本人対象の御目見得興行を行なった。演し物は、一日は『大石内蔵之助』『旭旗風（みはたのかぜ）』、二日は『日光円蔵（にっこうのえんぞう）』『乃木将軍』、三日は『幡随院長兵衛』『討つもの討たるるもの』という、筒井一座十八番の剣劇であり、好評裡に興行を終えた。これには日本人とアメリカ人の劇評家を招待して、米人相手の演目を選定するための助言をもらった。

二月四日から九日まで、稽古の傍ら、大和ホールの招宴、フライデー・モーニング・クラブの茶宴、その他、午餐・晩餐の歓迎会、市長訪問、ラジオ出演、ニュース映画の撮影、新聞社のインタビュー等が続いた。

二月十日より十六日まで、フィゲロア劇場において、米人相手の興行を行ない、演目は『彫物師の恋』（『鞘当』と『京人形』）、『影の力』（『日光円蔵』）、『祭り』（獅子物）で、剣劇と歌舞伎の見せ場や所作事をレヴュー化したものだった。新聞批評は好評で、千秋楽には喜劇王チャールズ・チャップリンが来観し、一座の熱心な演技を褒めてくれた。しかし観客は作品の内容もわからず、ただ好奇心を満足させていたに過ぎないことがわかった。

そこで演出担当の伊藤道郎は、ニューヨーク公演へ向けて、狂言の立て替えと演出のやり直しを行ない、一層のレヴュー化とスピード化を図ることになった。このため、ニューヨークへの出発が一週間以上遅れたようだ。なお、元座員の話によれば、ロサンゼルスでは、ハリウッドの映画スター、早川雪洲に撮影所の見学をさせてもらったり、彼が操縦する自家用のセスナ飛行機に乗せてもらったりしたとのこと。

シアター・ギルドとの契約がその後破棄され、目指すニューヨークの檜舞台は四十五丁目、ブロードウェイ西側のブース劇場と決まった。二月二十五日午後六時、筒井一行はプルマン豪華客車一台、大小道具を満載した貨車一台を借切り、ロサンゼルス駅を出発した。シカゴを経て、ナイヤガラの大瀑布を眺めた後、三月一日午後六時五十分、ノース・ショーア特別急行でニューヨークのグランド・セントラル・ステーションに到着した。駅頭には多数の日米人が出迎え、黒山の人が「日本のハラキリ」と叫ぶ中を、タクシーでブース劇場隣接のホテルへ向かった。

三月四日、いよいよ筒井一座はブース劇場で公演を開始。日本から直接来演した劇団としては、川上一座以来の久々の公演だった。『ニューヨーク・タイムズ』には筒井徳二郎の肖像画が大きく掲載された。演目は『恋の夜桜』（『鞘当』と『京人形』）、『影の力』、『祭り』だった。だが折からの経済恐慌の上、丁度、目と鼻の先の、四十一丁目、ブロードウェイ西側のナショナル・シアターで京劇の名優、梅蘭芳が公演中だった。数日間はこの中国の名優をしのいで好評を博したが、段々に客足を奪われ、二週間でブース劇場での興行を中止せざるを得なくなる。

その後、フィラデルフィアへ巡業に出かけようとした矢先、伊藤道郎の友人でパリの有力興行師、アルノール・メッケルから招聘の交渉に接し、パリのピガール座と契約を結ぶことになった。そのため、三月二十六日、日米興行の安田社長はロサンゼルスを発ち、ニューヨークへ向かった。座員の旅券によれば、ニューヨークの日本の総領事館で、渡航目的国追加の手続きを行ない、四月七日付でイギリス・フランス・ドイツへの渡航許可を受けた。一方、七番大通りと五十丁目の交差点にあるロキシー劇場で、四月十一日より約一週間の公演が決まり、かつこの劇場で一座の全演目がフォックス社の手でトーキーフィルムに撮影されることになる。四月十八日午後四時、筒井一行は日米興行の入江譲治支配人と共に、安田社長等、多数の日米人に見送られ、イル・ド・フランス号でニューヨークを出帆した。当初は九月十五日頃、再び帰米の予定だった。筒井は大西洋を航海中、アメリカ公演の反省を踏まえ、素描的な台本を書き下ろしたという。

2 ヨーロッパ巡業

筒井一座のヨーロッパ巡業は興行師の担当した区域により、およそ三つの時期に分けられる。第一期（一九三〇年五月～九月）はアルノール・メッケル（Arnold Meckel）が担当、パリを振り出しに、ベルギー、北欧諸国、ロンドン、バルセロナ、スイス諸都市を巡った。第二期（一九三〇年十月～一九三一年一月）はL・レオニドフ（Dr. L. Leonidoff）の担当で、ベルリンを始めとしたドイツ諸都市、さらにプラハ、ブダペスト、ウィーン、ハーグ、イタリアの諸都市を巡った。そして第三期（一九三一年一月～三月）はブルーニ・ドゥーデック（Bruni Dudeck）が担当し、バルト沿岸・東欧諸国の都市を巡演している。日米興行としては、ヨーロッパ巡業は第二期で切り上げて帰国させる予定だったが、各地で好評を博したため、バルト沿岸・東欧方面にも足を延ばすことになった。

（1）第一期（西欧・北欧諸国、スペイン）

旅券には、四月二十五日、ル・アーブル上陸のスタンプが押されており、ここでフランスに入国した。筒井一行がル・アーブルに上陸後、大西洋横断列車でパリのサン・ラザール駅に到着したのは、同二十五日の深夜だった。一行はアメリカで使用した大道具・小道具・衣装等を、

海外巡業中の筒井一座（ロンドン公演プログラムより）

すべてパリまで運んできた。駅頭には日仏友好協会会長の松尾邦之助、パリ画壇の寵児・藤田嗣治、フランス芸術交流発展協会会長のロベール・ブリュッセル等、多数の人が出迎えた。

四月二十八日、午後四時三十分、ピガール座地下で、文部・美術省及び芸術交流発展協会が筒井一行を招待して、日本劇団の歓迎レセプションを開催した。演劇・文学・美術の各界名士の他、日本の大使代理や元駐日フランス大使も列席し、一行は芸術使節のような待遇を受けた。各界代表者が挨拶を述べ、筒井たちが出演するピガール座のオーナー、アンリ・ドゥ・ロートシルト（ロスチャイルド）男爵も、日本劇団に劇場を提供できる喜びを語った。そしてこの富豪が日本劇団後援会の筆頭となった。歓迎会の後、オペラ・コミック座で『ホフマン物語』を見物。こうして筒井一行はマスコミと社交界で大評判となった。

四月二十九日、筒井はラジオ出演した。翌三十日と五月一日は、本公演に先立ち、ピガール座で一座の舞台稽古を兼ねた試演会が行なわれ、招待客に披露された。

五月二日、いよいよ近代設備を誇るパリ最新の大劇場ピガール座で、筒井一座（日米興行会社の英語名 The Japanese Theatre Association, Inc. を直訳して「日本劇協会」一行と紹介された）の初日が開いた。演目はアメリカ公演の時の台本に手を入れ、素描化したもので、『恋の夜桜』、『京人形』、『勧進帳』（パリ公演からの演目）、『影の力』であった。パリ公演では毎日、開演前に画家の藤田嗣治が舞台上から一座の紹介を行ない、また日仏混血の作家、キク・ヤマタ女史が各々の芝居の開演前に、主題について説明してくれた。筒井一座のパリ公演を世界的に著名な演出家、ジャック・コポー、シャルル・デュラン、ロシアのメイエルホリドが見物し、啓発されたのは特筆に値する。

パリ公演はこうして様々な要素と幸運が重なって大好評を博し、三日間日延べして五月十八日まで打ち続けた。このためヨーロッパ中から公演の申し込みが舞い込み、まずはベルギー、北欧諸国、ロンドンの劇場との契約が成る。旅券によると、パリの日本大使館に出向いて、新たな渡航目的国追加の手続きを行ない、五月二十四日付で、スイス、イタリア、スペイン、ベルギー、オランダ、デンマーク、スウェーデン、ノルウェー、オーストリア、チェコスロバキア、ギリシア、ルーマニア、ユーゴスラビア、トルコ、ハンガリーへの渡航許可を受けている。

筒井一座はパリを打ち上げた後、ベルギーへ向かう。五月二十七日、二十八日にリエージュ、五月三十日から六月一日までアントワープで、六月二日から七日まではブリュッセルのギャルリー劇場でそれぞれ公演を行った。演目はパリ公演と同様だった。丁度リエージュとアントワープは博覧会開催中であり、リエージュでは博覧会委員会と市当局が日本館の落成式典を祝って、一座を王立劇場に招待し、日本劇の公演が行われた。

一行はその後、北欧へ向かうため、オランダを経て、ドイツへ入ったものと思われる。日独間では大正十五年に旅券査証相互廃止を決めており、オランダについても、当時すでに査証が廃止されていたようだ。旅券には両国のスタンプすら押されていない。一行はドイツのいずれかの港から出港したのであろう。六月九日、一旦はスウェーデンのトレレボルグに上陸していることが旅券からわかる。

丁度この六月九日のことである。筒井一座をアメリカへ招聘、宿願のニューヨーク公演を果たして、ヨーロッパ巡業へ送り出した日米興行の安田義哲社長が、ロサンゼルスの自宅前で二人の何者かによってピストルで射殺された。安田社長としては筒井一座のパリ興行を大成功させ、ヨーロッパ中から公演の申込みが殺到し、まさに得意の絶頂にあった頃。怨恨を持つ者の

海外巡業中の筒井（筒井本家蔵）

犯行ではないかと噂されたが、結局、事件は迷宮入りとなった。

筒井一行はトレレボルクから鉄道でスウェーデンをカテガット海峡沿いに北上し、旅券によれば六月十日、国境の町モーンを越えて、ノルウェーに入国している。一行は十日午後、総領事、日本名誉領事等、多数名士が出迎える中、オスロー東駅に到着した。そして早速、同日夜、新劇場で初日を開け、翌十一日と二日間興行した。オスロー公演では国王ハーゲン七世と皇太后が御観覧になった。演目はパリ公演と同様だった。

六月十二日、一行は鉄道でオスローを出発し、ノルウェーの国境を越えて、シャルロッテンベリでスウェーデンに再入国した。同日夜にはストックホルム中央駅に到着した模様である。翌十三日から十五日までストックホルムのドラマーテン劇場（スウェーデンで最高の格式を持つ王立劇場）で公演。国王オスカル二世のカール皇太子が御観覧になり、日本の大使・公使の歓待を受けた。演目はこれまでと同様だった。

六月十六日朝、筒井一行は鉄道でストックホルムを出発し、スウェーデンを南下したものと思われる。旅券には、六月十六日、コペンハーゲンでデンマーク入国のスタンプが押されており、深夜に到着したようだ。コペンハーゲン公演はダグマー劇場にて十七日から十九日まで行なった。演目はこれまでと同様だった。次の公演国のイギリスは、当時、旅券査証を必要とした。

六月二十日朝九時、筒井達はコペンハーゲンを出発。旅券によれば、その日のうちにデンマークのユトランド半島西端のエスビエルクを出港し、翌二十一日、イギリスのハーウィッチ港に入港している。その際、正式な査証なしの入国だったからだろう、「この旅券所持人が三週間以上、連合王国に滞在しないという条件で、一九三〇年六月二十一日、ハーウィッチ上陸を許可する」という仮査証のようなものを受けている。一行は同二十一日にロンドンに到着した。

六月二十四日、ロンドン公演はピカデリーサーカス近くのグローブ座（現在のギールグッド座）で初日を開け、七月五日まで行なわれた。グローブ座の「国際演劇シーズン」の掉尾を飾るべく、イギリス興行界の大立者、チャールズ・B・コクランとイギリスの名優、モーリス・ブラウンが招聘したものだった。コクランがパリまで出向いて筒井一座の下見をし、ロンドン公演を準備したようだ。

演目はパリ公演以来の『恋の夜桜』に『影の力』、『勧進帳』、そして新しい演し物として舞踊三種『狐忠信』『面踊』『元禄花見踊』を出した。一座は意外にもこの「国際演劇シーズン」でヨーロッパの一流劇団、ドイツのモイッシ一座とフランスのピトエフ一座に勝る反響を得ることができた。その上、高松宮殿下御夫妻のロンドンご訪問中のこととて、筒井たちも在留邦人による奉迎パーティーに招かれ、ロンドン軍縮会議主席全権を務めたばかりの松平恒雄駐英大使のお世話になるなど幸運に浴した。

七月六日夜、筒井一行はロンドンを発ち、ドーバー海峡を渡って、旅券によれば同日中にフランス北部のダンケルク港に上陸している。その後、フランスを縦断し、七月八日、地中海に面したフランス最南端の国境の町、セルベールを経て、ポルボウでスペインに入国、同日バルセロナに到着した模様である。

ロサンゼルスの日米興行会社では当初、筒井一座を欧州からアメリカへ戻して凱旋公演させる予定だったが、いくら欧州で成功していても、二十数名の大一座であるため出費が多く、一座を日本から招聘し、パリへ送り出すまでに投じた三、四万ドルの巨費を取り戻す段取りはつきそうになかった。そのためこの頃、欧州巡業後、一座を直接日本へ帰すことに決定している。故安田社長は道楽気も手伝って白人方面への進出を試みたが、物質的には失敗だったので、今後は手堅い方針を取ることにしたようだ。

予定では七月九日にバルセロナ公演を開始することになっていたが、実際には十日に初日を開け、十五日まで行なわれた。公演は前年から当年一月にかけて開催された万国博覧会の会場で行なわれ、初日の十日は、バルセロナ滞在中のスペイン皇太子（アストゥリアス公）が御観

バルセロナの劇場で、俳優エンリック・ボラスと筒井（右）、三桝清（*Mirador*, 17 juliol de 1930より）

覧になり、軍管区司令官、知事の他、ほとんどすべての貴族が来臨した。演目はパリ公演と同様の『恋の夜桜』、『京人形』、『勧進帳』、『影の力』だった。元座員の話では、筒井一行はバルセロナ滞在中、闘牛を見物した模様である。

旅券によれば、一行はその後もと来たコースを戻り、七月二十一日、スペイン国境を越え、セルベールでフランスに再入国している。座員の私信によれば、演劇のシーズンオフ中のこととて、以後一ヵ月弱パリに滞在し、休養を取った模様である。

座員・岡田須磨子が日本の家族へ送ったジュネーブの絵葉書（筆者蔵）

その後、筒井一座が資料に現われるのは八月十八日。同日、アポロ座にてパリ再公演を開始し、九月八日まで打ち続ける。演目はロンドン公演と同じで、前回のものに『狐忠信』やその他の舞踊劇を加えた。客の入りは前回ほどではなかったが、パリ人の日本演劇に対する変わらぬ尊敬の念を確認することができた。

九月十日、筒井一行はフランスの国境を越えて、ラ・プレンでスイス領に入ったことが旅券からわかる。座員・岡田須磨子が日本の母へジュネーブ湖畔の絵葉書を送り、「とてもよい所ですわ。母さんを連れて来てあげたいぐらいよ」と書いている。スイスではまず九月十二日から十八日まで、ジュネーブのクーアザール（保養所大ホール）で公演、大

筒井一座の女優たち、ジュネーブ空港（『ティルダ・ヘック客人帳――有島武郎備忘録(3)』星座の会、平成11年より）

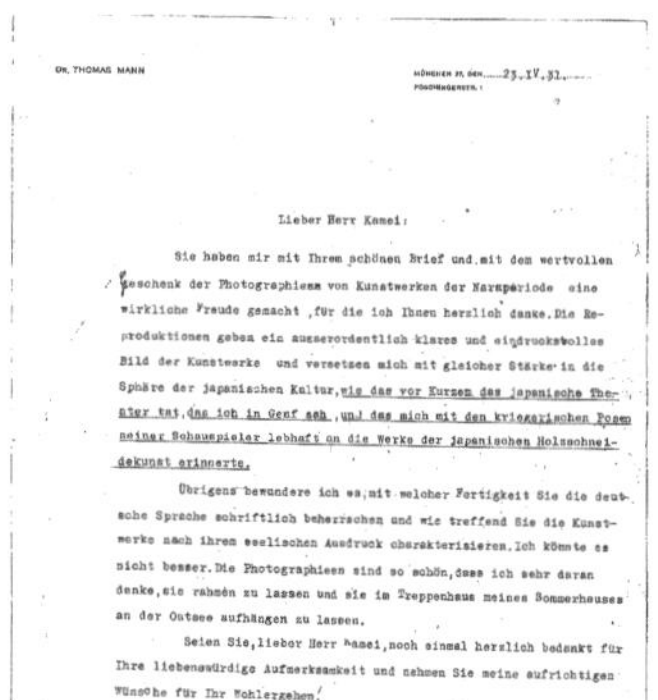

DR. THOMAS MANN

MÜNCHEN 27, DEN 23.IV.31.
POSCHINGERSTR. 1

Lieber Herr Kamei:

Sie haben mir mit Ihrem schönen Brief und mit dem wertvollen Geschenk der Photographieen von Kunstwerken der Naraperiode eine wirkliche Freude gemacht, für die ich Ihnen herzlich danke. Die Reproduktionen geben ein ausserordentlich klares und eindrucksvolles Bild der Kunstwerke und versetzen mich mit gleicher Stärke in die Sphäre der japanischen Kultur, wie das vor Kurzem das japanische Theater tat, das ich in Genf sah, und das mich mit den kriegerischen Posen seiner Schauspieler lebhaft an die Werke der japanischen Holzschneidekunst erinnerte.

Übrigens bewundere ich es, mit welcher Fertigkeit Sie die deutsche Sprache schriftlich beherrschen und wie treffend Sie die Kunstwerke nach ihrem seelischen Ausdruck charakterisieren. Ich könnte es nicht besser. Die Photographieen sind so schön, dass ich sehr daran denke, sie rahmen zu lassen und sie im Treppenhaus meines Sommerhauses an der Ostsee aufhängen zu lassen.

Seien Sie, lieber Herr Kamei, noch einmal herzlich bedankt für Ihre liebenswürdige Aufmerksamkeit und nehmen Sie meine aufrichtigen Wünsche für Ihr Wohlergehen.

Ihr ergebener

Thomas Mann

亀井氏へ宛てたトーマス・マンの手紙（天理図書館蔵）

統領が観劇したが、国際連盟五十三ヵ国の代表者達の総見を受けたのもこの時だ。演目はロンドン公演と同じ。前年にノーベル文学賞を受賞したばかりのトーマス・マンがジュネーブで筒井一座の芝居を見て、その時の感動を日本人への手紙に記している。

場所を変え、九月二十日はローザンヌのグ

筒井と入江讓治、ジュネーブでの歓迎レセプション（『ティルダ・ヘック客人帳――有島武郎備忘録(3)』より）

ランテアトル、二十二日と二十三日は、チューリッヒのシャウシュピールハウス（劇場）、二十六日はルツェルンの市立劇場で公演が行なわれた。演目はジュネーブと同様だった。チューリッヒでは二十三日の公演後、突然、作家の有島武郎のかつての恋人ティルダ・ヘックが楽屋を訪れ、翌日、座員の山田好良と泉一作をシャフハウゼンの自宅に招待している。

この後、スイスからドイツへ入国したはずであるが、既述のように、ドイツは旅券査証免除国である上に、旅券に入国のスタンプすら押さない慣例があったようだ（現在もこの慣例を引き継いでいる）。そのため旅券からは、いつどこで一行がドイツに入国したか、あるいは出国したかを明らかにできない。

（2）第二期（ドイツ他中欧諸国、イタリア）

十月一日、筒井一行はベルリンのアンハルター駅に到着した。第一回ベルリン公演は西部劇場において、十月三日から九日まで行われ、演し物はロンドン公演以来の『恋の夜桜』、舞踊三種『狐忠信』『面踊』『元禄花見踊』、『影の力』、『勧進帳』を舞台にかけた。公演の主催者はマックス・ラインハルトだったとも言われ、ベルリン中の演劇人が観劇する一大イベントとなった。一部の日本文化研究家の妨害にもかかわらず、筒井一座の海外公演中、観客と批評家が最も熱狂したのがこのベルリン公演である。エルヴィーン・ピスカートアや若きベルトル

チューリッヒの劇場前、ティルダ・ヘックと筒井(『ティルダ・ヘック客人帳——有島武郎備忘録(3)』より)

ト・ブレヒト等が筒井一座から刺激を受けたことは、演劇交流史上、見過ごせない。十月八日、筒井一座の人々はドイツ舞台クラブと舞台組合の祝賀レセプションに招待されて、日独の親交を温めた。一行はこの後、ベルリン公演と同じ演目で、ドイツを中心に中欧諸国へ巡業に向かう。

十月十日から十二日まではハンブルクのシャウシュピールハウス、十四日はケルンのオペラハウス、十五日と十六日はデュッセルドルフのオペラハウス、二十二日はカッセルの国立劇場、二十三日と二十四日はライプツィッヒのシャウシュピールハウス、二十七日はケムニッツのオペ

ハーゲンベック動物園を見物する座員たち（筆者蔵）

ラハウスでそれぞれ公演している。ハンブルクでは公演の合間をぬってハーゲンベック動物園を見物しており、座員の岡田須磨子がその時の写真（十月十一日付）を持ち帰っている。その後、チェコスロバキアへ入国した。十月二十九日から十一月一日までプラハの新ドイツ劇場で公演し、王妃が御観覧になった。

旅券によれば、一行は十一月二日、チェコスロバキア側の国境の町コマルノを経て、コマロムでハンガリーに入国している。同二日にブダペストに到着、早速その夜に市立劇場で初日を開け、四日まで三日間公演を行った。

翌五日早朝、ブダペストを発ち、午前中にウィーンに到着した。オーストリアと日本の間では、査証相互廃止となっており、ドイツ同様、旅券に入国のスタンプすら押していない。一座は、同五日夜から新ウィーン座（現在のフォルクス・オーパー）で公演を開始し、七日まで三日間上演した。

その後再びドイツに入国し、翌八日から十日まではミュンヘンのシャウシュピールハウス、十一日はアウクスブルクの市立劇場、十二日と十三日はシュツットガルトの州立劇場、十五日はフランクフルトのシャウシュピールハウスでそれぞれ公演している。シュツットガルト公演では、当市在住の日本文化研究家、エルヴィーン・徳之助・ベルツ（日本の近代医学の発展に貢献したエルヴィーン・ベルツの長男）が、筒井一座の舞台に立って、日本演劇の解説と一座の演目の説明をしてくれた。

この後、契約の都合からか、東方に三、四百キロも離れたドレスデンに向い、翌十六日に同市のアルベルト劇場で公演したかと思うと、再び何百キロも西へ舞い戻り、十八日にはケルンのオペラハウスで再公演している。元々が旅興行の役者たちであるとはいえ、まさに殺人的な超過密スケジュールであり、これをこなした一座の行動力には驚くほかない。

翌十九日にマンハイムの国民劇場で公演した後、オランダへ向かい、二十一日から二十三日まで、ハーグの学芸会館で公演を行った。アムステルダムは日程の関係で使える劇場がなかった模様。実はハーグ公演の後、十二月十二日にスイスの国境を通過するまでの二十日弱の筒井一行の足取りが、ずっと長い間、摑めなかった。それが、スイスの小都市シャフハウゼンで、既述の有島武郎のかつての恋人ティルダ・ヘックの経営するホテルに滞在して、以後の巡業の狂言を仕込み、十二月三日には町の劇場イムトゥルノイムで一回のみの公演をしていたことが、彼女の客人帳等(1)から明らかになった。チューリッヒ公演を見て感激したヘックは、一座を呼び寄せ、日本食などでもてなし、大歓迎した模様である。座員たちはその感謝の気持ちを精一杯、客人帳に残している。

その後、旅券によれば、十二月十二日、一行はスイス国境の町キアッソを越えて、イタリアに入国しているのが確認でき、同日中にミラノに到着していると思われる。当時、査証は廃止されていた可能性が高いが、座員は十二月十二日付で、ミラノの保安警察局より「演劇芸術家」として、一年間有効の身分証明書(2)の発給を受けた。ミラノではリリコ劇場で十二月十五日と十六日の二公演を行っている。演し物は舞踊劇に加え、初めての狂言、剣劇『武士道』、『光秀』(歌舞伎『絵本太功記』十段目、いわゆる『太十』)を舞台にかけた。シャフハウゼンでの仕込みの成果であろう。

次は十二月十八日にトリノのトリノ劇場、二十日と二十一日はフィレンツェのペルゴーラ劇場、二十二日と二十三日にローマのヴァッレ劇場で公演している。演目はミラノ公演と同じである。このローマのヴァッレ劇場は、丁度八年後の一九三八年十二月、宝塚少女歌劇が日伊親善公演を行い、ムッソリーニ首相が観劇した場所である(現地調査の折、筆者は劇場関係者の好意で、舞台から客席を見せてもらったが、十八世紀に建てられたままの立派なバロック様式の劇場だった）。その後、筒井一座は年末にかけてジェノヴァ、サンレモと巡演した模様である。

旅券によると、この後、十二月二十九日、サンレモに近いイタリア国境の町ヴェンティミーリアを経て、マントンでフランスに入国し、同日中に同じコースを戻ってイタリアに再入国している。想像するに、座員は一日羽を伸ばして、モナコのモンテカルロでカジノ遊びでも楽しんだのだろうか。

年開けて一九三一（昭和六）年一月三日、筒井一行はイタリアからブレンナー峠を越えてオーストリアへ入国している。その後、ドイツ入りし、再度ベルリンを訪問した。

二回目のベルリン公演は一月八日、ノレンドルフプラッツ劇場で初日を開け、十五日まで行なった。演目はイタリア公演と同じで、最初に『春の踊り』、二番目に四幕物の『武士道』、切(きり)に『光秀』を出した。今度のベルリン公演は前回ほどの反響はなかったが、ゾルフ前駐日大使とドイツの有名な興行師で欧州劇壇の総支配人、Dr・L・レオニドフから強く勧められ、翌年十一月に再渡独する契約を取り交わす。レオニドフは筒井一座のヨーロッパ巡業の第二期を担当したが、二世市川左團次の訪ソ公演の折、左團次を欧州公演に招聘しようとした興行師である。

筒井一座としては、ヨーロッパ巡業は以上の第二期で切り上げて帰国する予定だったが、各地で好評を博したため、バルト沿岸・東欧方面からも声がかかり、契約の運びとなる。第二回ベルリン公演を打ち上げた一座は、最後にこのバルト沿岸・東欧諸国を巡演して帰国の途につくことになった。

(3) 第三期(バルト沿岸・東欧諸国)

① バルト沿岸地域

第二回ベルリン公演において、筒井一座の若手スター、菊地靖祐(殿様等の主役俳優)が肺炎のため客死した。この冬、ヨーロッパは記録的な寒波に襲われ、座員はおそらく風邪をこじらせて不帰の客となったのだろう(3)。主力メンバーの死は、一座にとって大きな痛手であったことは想像に難くない。ベルリンを後にして、次はバルト海沿岸都市、ケーニッヒスベルクに向かった。一座の到着を伝える記事を掲載した現地新聞の同一紙面に、当日、ケーニッヒスベルクが観測史上最低の低気圧、七一七ミリメートル(現在の単位で約九六〇ヘクトパスカル)を記録し、台風並の大嵐に見舞われたことが報じられている。帰国を前にしたバルト沿岸・東欧諸国の巡業は、このように座員の死という不慮の出来事に加え、大寒波に大嵐という過酷な自然条件のもとで始まった。

旅券によれば、筒井一行はダンツィッヒに近いポーランドの国境の町チェフを経由して、バルト海に面したドイツ領ケーニッヒスベルクを訪れたことがわかる。上記の新聞によって判断

氷のバルト海を渡ってヘルシンキ港に着いた筒井一座
（*Hufvudstadsbladet*, 24 januari 1931より）

すれば、一行がこの町に到着したのは一九三一年一月十六日の午後か、翌十七日の午前中であったと思われる。当地での公演は一月十七日と十八日の合計二回、ノイエス・シャウシュピールハウス（新劇場）において行われた。演目は『恋の夜桜』、剣劇『影の力』、『武士道』であった。上記新聞には、筒井一座は以後の予定として、ケーニッヒスベルクからエストニアのタリンに向かい、ヘルシンキ、バルト沿岸国、ポーランドを巡り、ロシアを経て帰国すると書かれている。バルト沿岸・東欧諸国の日程がほとんど把握できているので、「ロシアを経て帰国」というのは、「ロシア公演」ではなく、単にロシア経由で帰国の意味と判断できる。

ところで、筒井一座がケーニッヒスベルクに滞在した時の直接資料が筆者の手元にある。一つは座員・岡田須磨子が日本に持ち帰ったホテルのステッカー。もう一つは座員・辻十九二が岡田の家族に宛てて、ケーニッヒスベルクから日本に送った手紙の便箋と封筒。この手紙は辻が座長に代わって、日本で娘（岡田は当時二十一歳）のことを心配している家族に宛てて書いた新年の挨拶状である。

それによれば、一行は無事ローマで新年を迎え、一月七日（第二回ベルリン公演初日の前日）にベルリンの日本料理店で雑煮、数の子、屠蘇を頂いたこと、今後の巡業予定、一月末に帰国の途につく予定だったが、「又々、一行好成績の為他方に契約相成り」、帰国の時期が延びて「桜咲く好春季」になること等を知らせている。また文中「十二月廿日差出しの御返信正に落手致しました」とあり、その当時の日欧間の郵便事情も窺い知ることができる。しかし当然ながら、右記の座員の死については触れていない。

岡田が持ち帰ったホテルのステッカーから、一座はパルク・ホテルに滞在したことがわかる。上記の辻の手紙の封筒もパルク・ホテルのものを使っている。ただし、便箋はつい数日前まで滞在していたベルリンのホテル・ザクセンホーフのものである。

筒井一行は一月十九日朝、ケーニヒスベルクを発ったと思われる。旅券に従えば、当日、ポーランドからリトアニアのヴィルバリスに入り、リトアニアの国境の町ヨニシュキスを経て、ミエイテネでラトビアに入国している。その日はラトビアの首都リガで宿泊したと思われる。さらに翌二十日朝、ラトビアの国境の町ヴァルカを越えてエストニアのヴァルガに入り、同日午後、エストニアの首都タリンに到着したはずである。

タリンでの公演は一月二十日から二十二日まで三回、エストニア劇場において行われた。文字通り乗り打ちである。エストニア語で書かれた公演プログラムによると、演目は『恋の夜桜』、舞踊三種『狐忠信』『面踊』『元禄花見踊』、『影の力』、『光秀』であった。一座は巡業地に乗り込む前に、毎回必ず現地語の公演プログラム（大抵筋書付き）を手配してあった。旅券によれば、一座の人々は一月二十二日、タリンのフィンランド大使館において、「ヘルシンキのスウェーデン語劇場で一九三一年一月二十二日より一週間就労する」ための労働許可証（査証）を受けている。

なお座員・岡田須磨子はタリンに滞在した時のホテル「クルド・レーヴィ」（金獅子の意）のステッカーを持ち帰っているが、このホテルは第二次大戦中、ソ連軍の空爆で破壊されて今はない。

旅券によると、筒井一行は翌一月二十三日、タリン港を船で発ち、バルト海を渡って、同日、フィンランドのヘルシンキに入港している。バルト海は厳しい寒さのために凍結しており、船は氷を割って進んだという。ヘルシンキ公演はスウェーデン語劇場において、一月二十四日から三十日まで七日間行われた。公演プログラムによれば、演目はタリンと同様であった。筒井一座のヘルシンキ公演について「大統領始め各国外交官、当地の上流名門、富豪、各方面の人々」が観劇し、連日満員の盛況であったと、在フィンランド公使館が外務大臣・幣原喜重郎

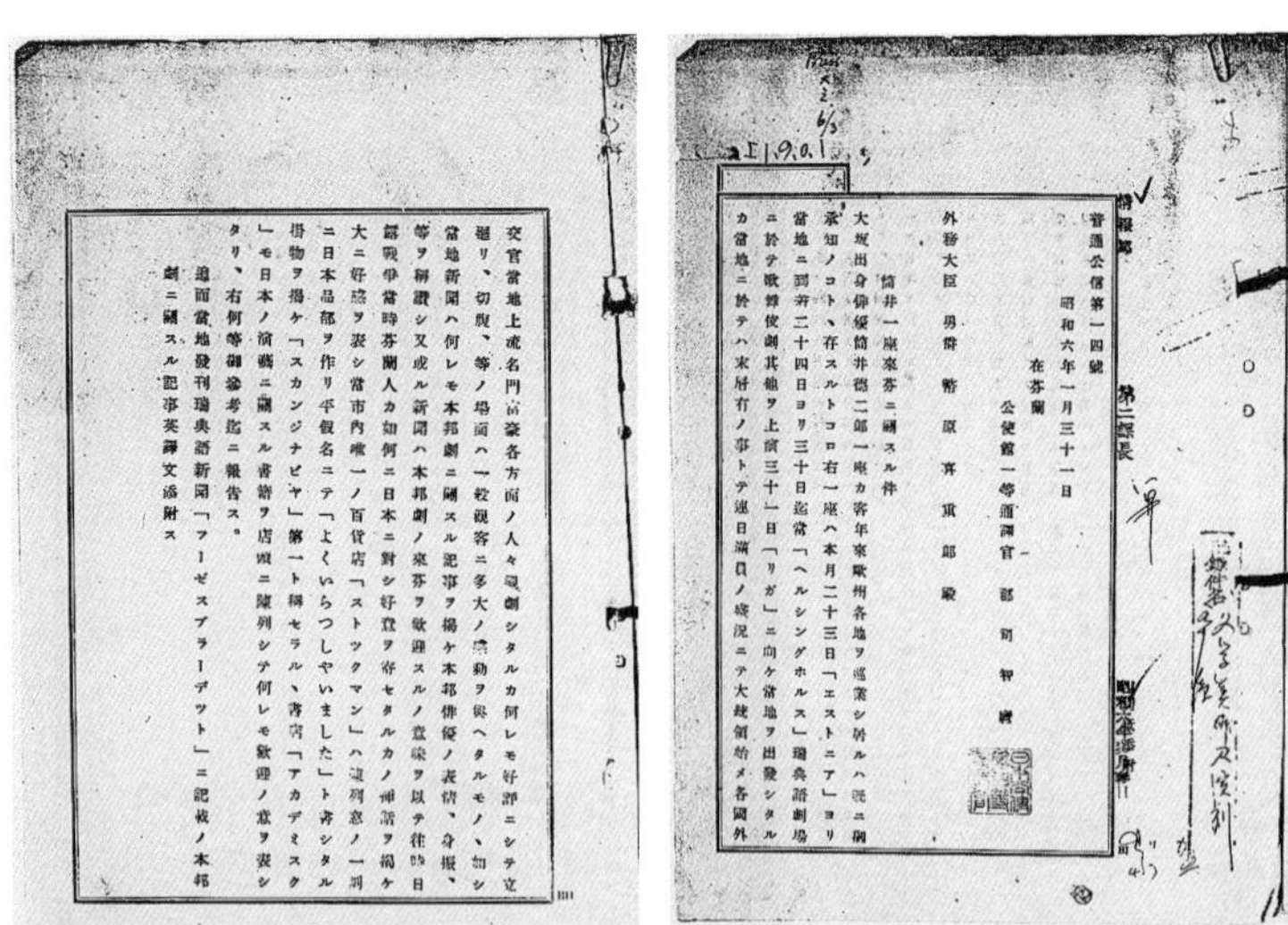

普通公信第一四號
昭和六年一月三十一日
在芬蘭
公使館一等通譯官 郡司智麿
外務大臣 男爵 幣原喜重郎殿

筒井一座來芬ニ關スル件

大阪出身俳優筒井徳二郎一座カ客年來歐州各地ヲ巡業シ居ルハ既ニ御承知ノコト、存スルトコロ右一座ハ本月二十三日「エストニア」ヨリ當地ニ到着二十四日ヨリ三十日迄當「ヘルシングホルス」瑞典語劇場ニ於テ歌舞伎劇其他ヲ上演三十一日「リガ」ニ向ケ當地ヲ出發シタルカ當地ニ於テハ未曾有ノ事トテ連日滿員ノ盛況ニテ大使館始メ各國外交官當地上流名門富豪各方面ノ人々觀劇シタルカ何レモ好評ニシテ立廻リ、切腹、等ノ場面ハ一般觀客ニ多大ノ感動ヲ與ヘタルモノ、如シ

當地新聞ハ何レモ本邦劇ニ關スル記事ヲ掲ケ本邦俳優ノ表情、身振、等ヲ稱讃シ又或ル新聞ハ本邦劇ノ來芬ヲ歡迎スルノ意味ヲ以テ往時日露戰爭當時芬蘭人カ如何ニ日本ニ對シ好意ヲ寄セタルカノ神話ヲ掲ケ大ニ好感ヲ表シ當市内唯一ノ百貨店「ストックマン」ハ陳列窓ノ一劃ニ日本品部ヲ作リ平假名ニテ「よくいらつしやいました」ト書シタル掛物ヲ掲ケ「スカンジナビヤ」第一ト稱セラル、書店「アカデミスク」モ日本ノ演藝ニ關スル書籍ヲ店頭ニ陳列シテ何レモ歡迎ノ意ヲ表シタリ、右何等御參考迄ニ報告ス。

追而當地發刊瑞典語新聞「フーゼスブラーデット」ニ記載ノ本邦劇ニ關スル記事英譯文添附ス

筒井一座ヘルシンキ公演の反響を伝える、フィンランド公使館が外務大臣・幣原喜重郎に宛てた公信（外務省外交史料館蔵）

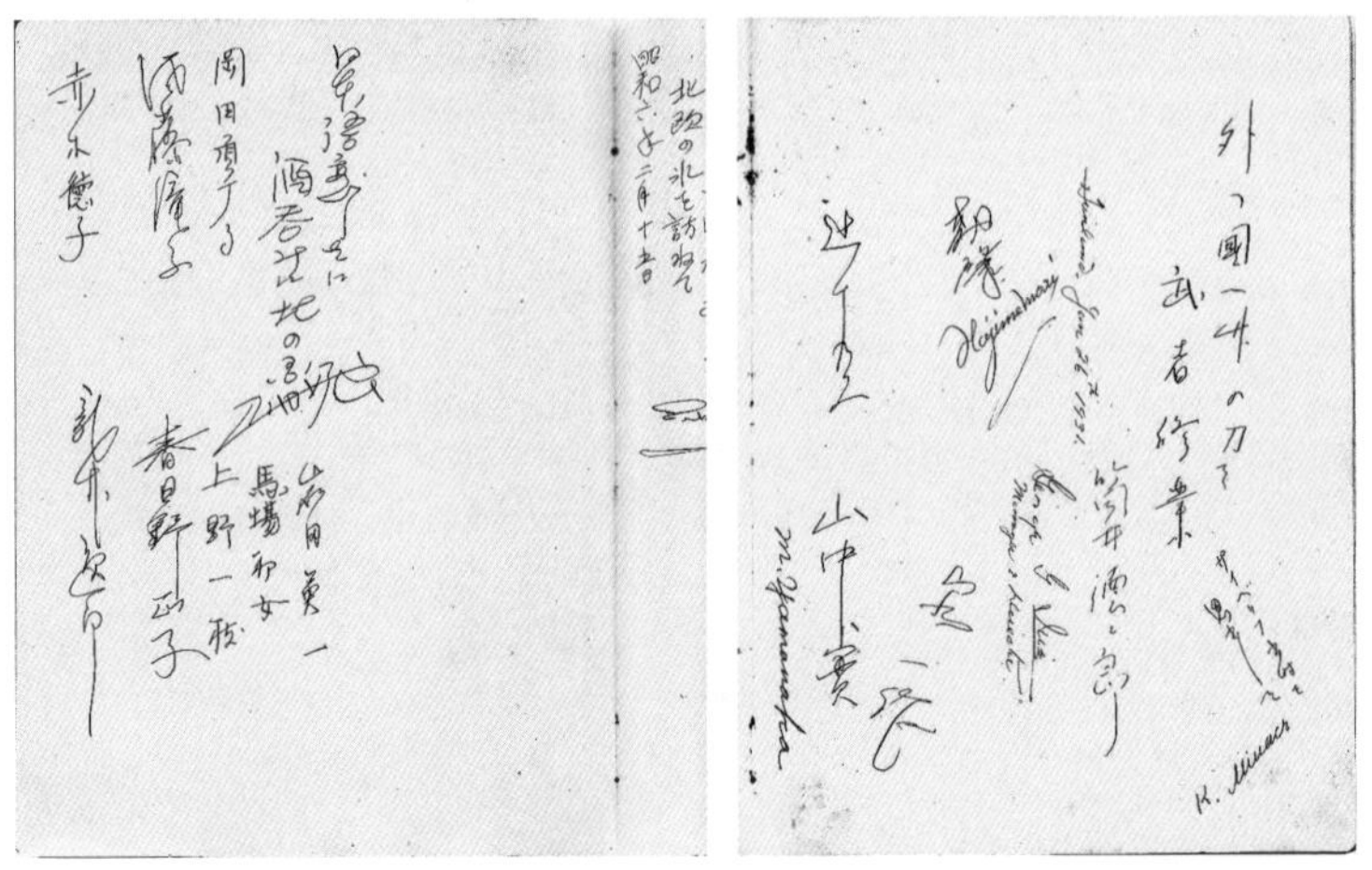

フィンランド代理公使・郡司智麿のゲストブック（舟川はるひ氏蔵）

に宛てた公信で知らせている。(4)

この公信を送った代理公使の郡司智麿は、一行を招待して旅の労をねぎらった。その時のゲストブック（一月二十六日付）には、筒井たちの一筆とサインが記されている。(5)座員・山田好良は「日本語恋しさに酒呑みに北の国」と洒落ている。また一座が宿泊したヘルシンキのグランドホテル・フェニア前で撮影した写真が筆者の手元にある。ホテルの玄関先に、筒井徳二郎夫妻と座員・山田好良等が写っている。写真の裏には、一座に地方（三味線・長唄等）として参加した筒井の妻、エイの手で「フィンランド、グランドホテル前ニテ、日の丸旗の下、雪の中で主人と私、一月廿九日」と書かれてある。

旅券によれば、一月三十一日、筒井一行はヘルシンキを出発し、同日、再びタリンに戻り、一泊している。翌二月一日にタリンを発ち、もと来たコースを逆に辿り、エストニアの国境の町ヴァルガを経て、ヴァルカでラトビアに再入国、同日午後にはリガに到着している模様である。筆者も現地調査で一座の足跡を追ってタリンからリガに向かったが、バルト海沿岸には現在も広大な松の森林が広がっている。筒井たちもどこか日本の風景と似た、延々と続く松林を眺めながら列車で往復したのであろう。

筒井一座のリガ公演は国立オペラ座において、二月一日から五日まで行われた。ここも乗り打ちだった。公演プログラムによれば、演目はやはりヘルシンキ公演と同様だった。リガ公演では珍しい出来事があった。二月四日のこと、ヨーロッパ演劇界の大御所、マックス・ラインハルトが次期シーズンの演出プランのためリガを訪問した際、筒井一座の芝居を再度覗いていることがわかっている。(6)

リガ滞在中に撮影した座員の写真が手元にある。国立オペラ座と大雪を背景に、座員の岡田須磨子と赤木徳子が帽子、オーバーコート、毛皮の襟巻、手袋、ブーツという完全防寒の装いで立っている。裏に鉛筆書きで「六年二月［　］リガノオペラハウスマエニテ」と記されているが、何日なのか判読できない。旅券によれば、一行は二月五日、リガのポーランド共和国領事館で、「ワルシャワにおける一九三一年二月四日から一九三一年三月五日までのオペラ公演を目的とした短期滞在を許可する。これはポーランド共和国国境を二回越える権利を伴い、……」という滞在ビザを受けている。この後半の条件は、ポーランド巡業において何を意味しているか、以下で明らかになる。

②　ポーランドとダンツィッヒ

旅券によれば、二月六日、リガを発った筒井一行は、ラトビア西南の国境の町ゼムガレを越えて、トゥルモントという町でポーランドに入国している。リガからワルシャワまでは列車で一日の行程であり、同日中にワルシャワに到着しているはずである。公演プログラムは見つ

クラクフ市立劇場、花魁に扮した女優たち。右から2人目が解説役を務めた俳優カジミェシュ・ファビシャク（Narowe Archiwum Cyfrowe蔵）

クラクフ公演、筒井一座の『光秀』（Narowe Archiwum Cyfrowe蔵）

クラクフの筒井一座(Narowe Archiwum Cyfrowe蔵)

かっていないが、公演ポスターや新聞記事によれば、ワルシャワ公演は国立大オペラ劇場において二月七日から九日まで行われ、合計四回の公演だった。演目はこれまでと同様だった。筒井一座が公演を行ったワルシャワの国立大オペラ劇場は、約八年後の一九三八年十一月末に宝塚少女歌劇が親善公演した劇場でもある。

二〇〇一年三月十一日現在、駐日ポーランド大使館の公式ホームページに掲載されている「日本ポーランド関係年表」には、「一九三一年二月、ポーランドで歌舞伎の公演が行なわれる(ワルシャワ、ポズナニ、ウッヂ、クラクフ)」と記されているが、この公演は筒井一座のポーランド公演のことである。当年表によれば、二十世紀初頭に川上音二郎・貞奴一座と花子一座が訪れているが、筒井と宝塚以降でポーランドにおいて歌舞伎公演が行われたのは、ようやく一九九四年、国際交流基金主催で行われた能・文楽・歌舞伎の『俊寛』ワルシャワ公演のみであり（この時も国立大オペラ劇場を使用）、六十年以上後のこと。この一事でも、戦前、文化の国際交流に果たした筒井の先駆的な役割が理解できよう。

旅券には二月十二日付で、上記ポーランド国境の町チェフを再度通過したことを示すスタンプが押されており、ダンツィッヒでの公演の可能性を推測していたが、現地調査の結果、果して一座はダンツィッヒ（現在、ポーランド領のグダニスク）において公演していることが明らかになった。すなわち、一座はワルシャワ公演を終えた翌日、ポーランドの国境を越えてダンツィッヒに向かい、当地の新聞によると、二月十日と十一日の二日間、フリードリッヒ・ヴィルヘルム記念シュッツェンハウス（射撃協会会館）で公演を行っていた。演目はやはりこれまでと同様だった。作品毎に市立劇場の俳優アードルフ・ヴァルターが燕尾服姿で舞台に出てきて、ドイツ語で内容の解説を行ったようだ。かつて当市はドイツ領の古い町だったが、当時は国際連盟管理下の自由都市だった。

こうして一行はダンツィッヒ公演を終えると、翌二月十二日、次の巡業地ポズナン（ポズナニ）に向かう途中、再びポーランドに入り、国境の町チェフを通過した。旅券に押された上記

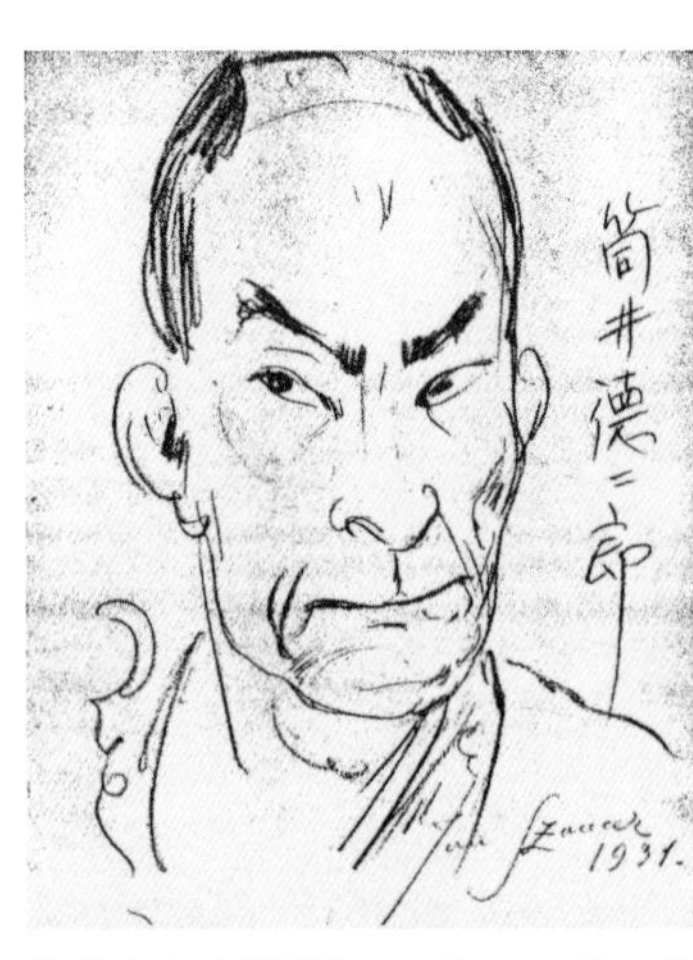

クラクフの画家ヤン・シャンツェル画の筒井徳二郎（*Światowid* 1931 n 9より）

のスタンプは、その時のものと判断できるわけである。また上記ビザに「これはポーランド共和国国境を二回越える権利を伴い」という条件が添えられているが、それはダンツィッヒ公演を予定していたためで、一旦ポーランドに入国した一座が、二度国外に出る権利を有するという意味であったと考えられる。

ダンツィッヒとポズナンの間は直線距離にして約二五〇キロであり、同二月十二日午後の早い時間には、ポーランドの古都ポズナンに到着したことであろう。当地の新聞によれば、一座はポズナン大劇場において十二日と十三日の二日間、公演を行った。演目はこれまでと同様だった模様である。

翌二月十四日、次に訪れた町はウッジである。ポズナンからウッジまでの距離は二〇〇キロ足らずであり、昼頃には乗り込んでいたであろう。当地の新聞によると、ウッジ市立劇場において、同日と翌一五日、合計三回の公演を行った。演目はこれまでと同様だった。

筒井一行はウッジ公演の後、再度ワルシャワに立ち寄り、昔のポーランド王国の首都クラクフを訪れた。当地の新聞及び公演ポスターによると、クラクフの市立スウォヴァツキ劇場において、二月十七日から十九日までの三日間、公演を行った。演目はこれまでと同様だった。一座のポーランド公演に関する新聞記事としては、クラクフ公演のものが最も多く残っている。それはナチ・ドイツ軍がこの古都に司令部を置いていたために町が破壊されずにすんだことが原因かもしれない。また一座が公演したスウォヴァツキ劇場（一八九三年建設）は、今日もその当時のままの姿を留めている。

筒井一座の次の公演地はルブフ（現在、ウクライナ領のリヴィウ）だった。当地の新聞によれば、大オペラ劇場において二月二十日と二十一日の二日間で、合計三回の公演を行った。演目はやはりこれまでと同様だった。一九〇〇年に完成したこの劇場は、現在も一座が公演した当時と変わらぬ華麗な姿のままである。

座員・岡田須磨子が、ルブフで滞在した「ホテル・ゲオルゲ」の封筒兼用の便箋で日本の家族に書き送った手紙が残っており、また当ホテルのステッカーも持ち帰っているところから、当地での公演の可能性を予測していたが、現地調査で、この事実を突き止めることができた。手紙には「二月二十日（夜）」の日付が記されており、初日の夜公演の後、ホテルに帰ってから書かれたものであろう。岡田はしばらくの無沙汰を詫び、正月をイタリアで迎えたこと、ベルリンで雑煮を食べたこと、その後、所々を巡って今ポーランドにいること、二、三日後ルーマニアに向かうこと、三月二十五日にロンドンから帰国の予定のこと（後にこの予定は変更された）、この頃よく同僚と土産物を買いに町に出ること、巡業が終わったらしっかり給金をもらうこと、毎日夢ばかり見ていること等々を綴っている。筆者は現地調査でこのホテル（十九世紀末建）を訪れ、その豪華な外観、食堂、部屋、階段等が、上記便箋に印刷された当時の写真と全く変わらぬ様を確認することができた。

旅券によれば、筒井一座は二月二十一日付で、ルブフにあるルーマニア総領事館において「ルーマニアのチェルナウツィ、ブカレストにおける芸術活動を目的として、一ヵ月にわたりルーマニアに滞在することを許可する」というビザの発給を受けている。こうして一座はルブフでポーランド公演を終え、次はルーマニアに向かう。

③　ルーマニア

旅券によると、二月二十三日、筒井一行はルブフを出発し、ポーランドの国境の町シニャティンを通過して、ルーマニアに入国しており、同日、チェルナウツィ（現在、ウクライナのチェルノフツィ）に到着している模様である。当地の新聞によれば、一座はチェルナウツィ国民劇場において同二十三日と二十四日の二日間、二回の公演を行っている。これまでに入手できた当地の新聞には、ここでの上演演目は記されていない。しかし次の公演地ブカレストの演目はわかっており、たぶん同一であったと思われる。

ブカレスト公演は当地の新聞によると、エフォリア劇場（シネマ・ヴォックスという映画館、現在も映画館）において、二月二十五日から二十七日までの三日間行われ、演目は『恋の夜桜』、舞踊三種『狐忠信』『面踊』『元禄花見踊』、『影の力』だった。これまでの演目から『光秀』が除かれている。筒井一座が宿泊したのはヴィクトリア通りのグランドホテル「ラ・ファイエット」であり、座員・岡田須磨子はこのホテルのステッカーを持ち帰っている。当ホテルは一九七七年三月の大地震で破壊された。

筒井一行はブカレストからブラショフへ向かった。一九三一年は閏年ではないので、二月は二十八日までだった。当地の新聞によると、三月二日、ブラショフのホール、アストレルにおいて一回限りの公演が行われた。同じルーマニア国内ということで、演目はブカレスト公演と同一だったと思われる。座員・岡田須磨子は宿泊した当地のホテル「コロアナ - クローネ」のステッカーを持ち帰っている。

ブラショフ公演の翌日、三月三日、休む間もなく筒井一座はクルージュ（ハンガリー語でコロジュヴァール）に乗り込んでいる。当地の新聞によると、同三日夜、マジャール劇場において一回限りの公演が行われ、演目は『恋の夜桜』、『影の力』、『光秀』であった。新聞には夕方の特急列車で到着したとあって、そのハードなスケジュールのほどが知られる。また女優たちについては「疲労が目に見えてはっきりとわかるほど皆やつれて、疲れている様子」と書かれている。さらに、現地の赤帽たちとの間で言葉が通じないため、荷物の運搬に大きな支障を来たしたことが報じられている。

④ ユーゴスラビアとトリエステ

当時の新聞によれば、筒井一行がユーゴスラビアの首都、ベオグラードに到着したのは公演の初日当日、三月八日の早朝だった。しかし旅券によれば、三月六日、ルーマニア国境のジンボリアを経て、キキンダという町でユーゴスラビアに入国していることがわかる。国境よりの距離（約一五〇キロ）からして、七日中には到着しているはずであるが、到着が大幅に遅れた。実は七日午前一時過ぎと八日午前二時前の二回、南セルビアを震源にマグニチュード八クラスの大地震が起きて、各地で大きな災害が出ており、その影響で一座の到着が遅れたのではないかと推測される。

ナポリから帰国の途につく前に、イタリアのトリエステで公演をしているが、まとまったイタリア公演は前年末に済ませているので、ユーゴスラビアは最後の巡業国と言ってよい。当地の新聞・雑誌によると、一座はまず首都ベオグラード（現在、セルビアの首都）で、三月八日から十一日までの四日間、公演を行った。八日と九日は国立新劇場で、十日と十一日はヴラチャル劇場で行われ、演目は『恋の夜桜』、舞踊三種『狐忠信』『面踊』『元禄花見踊』、『影の力』、『光秀』だった。ベオグラード公演では、芝居がはねた後、筒井たちは楽屋で特別に皇后と皇太子妃に拝謁を許され、褒詞を賜っている。

次に筒井一座が訪れたのはザグレブ（現在、クロアチアの首都）だった。当地の新聞によれば、公演は三月十三日から十五日まで、アレクサンドラ王広場に面した国立大劇場及び小劇場で行われた。十三日と十四日は大劇場において、十五日は小劇場において、合計四回の公演が行われた。演目はベオグラードと同様だった。公演に先立って、劇場秘書のバトゥシッチュ博士が新旧の日本演劇について概略を述べ、さらに演目毎に幕前に簡単な筋の説明を行った。一八九五年に建設されたこのネオ・バロック様式の劇場は、一九七〇年代に一度改築されただけで、現在も当時と変わらぬ威容を誇っている。なお、座員の岡田須磨子は一座が宿泊したパラス・ホテル・ザグレブのステッカーを持ち帰っているが、この老舗ホテルも健在である。

筒井一行はザグレブ公演の翌日、東欧巡業の最後の地リュブリャーナ（現在、スロベニアの首都）に向かった。座員の岡田須磨子が持ち帰ったものに、この時に使用した列車のクーポン乗車券とそのカバーがある。乗車券は半分以上破れて欠けているが、残った部分に行き先の「リュブリャーナ」の文字がはっきりと印刷されている。一方、乗車券のカバーにはベオグラードの交通公社名が印刷されており、座員はベオグラードでクーポン乗車券を買って、ザグ

トリエステ、欧州公演最後の舞台で記念写真（筆者蔵）

レブ、リュブリャーナと乗り継いできたのだろう。そしてカバーには「一九三一年三月十六日」のパンチが入っていることから、公演当日にリュブリャーナに到着したことがわかる。当地の新聞によれば、一座は三月十六日、リュブリャーナ国立劇場において、当日限りの公演を行った。演目はベオグラードと同様だった。

　このようにしてバルト地域・東欧諸国の巡業を終えた筒井一行は、旅券によると、三月十七日、ユーゴスラビア西北の国境の町ラケックを越えて、ポストゥーミアでイタリアに入国している。同日、欧州巡業最後の公演地トリエステに到着しているはずである。当地の新聞によると、一座は三月十七日から十九日までヴェルディ劇場において公演を行い、演目は『恋の夜桜』、『影の力』、『武士道』だった。前年十二月、ミラノ、トリノ、フィレンツェ、ローマ、ジェノヴァ、サンレモと回ったイタリア公演では『春の踊』、『武士道』、『光秀』を上演しており、今回は狂言を差し替えた上、前回評判の良かった『武士道』を演目に加えたのかもしれない。

座員の岡田須磨子は、トリエステ公演の折に撮影された、サイン入りの珍しい写真を持ち帰っている（裏面にトリエステの写真館のスタンプが押されている）。欧州公演で最も好評を博した演目『影の力』の第一場「峠の茶屋」の背景の前で、座長の筒井徳二郎（左端、背広姿）がバルト沿岸・東欧地域を担当した興行師ブルーニ・ドゥーデック（侍の衣装姿）、もう一人の西洋人（サインが判読不能で名前が不明、百姓姿）と手を差し伸べ合って花束を持ち、さらにロサンゼルスの日米興行株式会社のマネージャー・入江譲治（背広姿）も同日米興行の舞台監督、レヴィス・バーリントン（黒衣姿）とやはり花束を支え合って写真に写っている。カーニバルの仮装さながらである。これはトリエステ公演の記念というより、明らかに帰国を目前にして、一年に及ぶ欧州巡業の成功を祝って撮影した記念写真であろう。米国も合わせて、一年数ヵ月にわたる海外巡業の苦労を物語っているのか、筒井の頬がこけて見える（帰国後、四貫目痩せたと言っている）。

いま一つ、座員の岡田須磨子が公演を終えた翌日、トリエステ駅で列車に乗り込んだ直後の写真（座員の赤木徳子と共に座席に座って写っている）を持ち帰っている。写真の裏には「三月二十日　ツリエスト駅　汽車中ニテ」と記されている。筒井一座はこの列車で直接ナポリに向かった。三月二十二日、座長の筒井を除く一座の人々は、ナポリ港から日本郵船の榛名丸で帰国の途につくと、筒井は単身モスクワに行き、シベリア経由で帰国することになる。一方、日米興行の入江譲治とバーリントンは一座に同行せず、西回りでアメリカへ帰って行った。

（4）帰国経路の謎

筒井一座が欧州航路で帰国の途中、四月六日、コロンボに寄港したスタンプがある。これが座員・辻十九二の旅券に押された最後のスタンプである。上海にも寄港しているが、当時の中国は旅券の携帯すら必要なかったようだ。一座の人々は四月二十一日に上海を発ち、二十三日に神戸港に到着した。しかし辻ともう一人の座員は上海で遊びほうけて、榛名丸に乗り遅れたため、翌日、三笠丸の三等船室に潜り込んで二十四日に門司に到着し、大阪（座長宅）へと急いだ。座員全員のトランクの鍵を預かっていた辻は、皆からさんざんやり込められたであろう。辻、つまり武末雲二の旅券に帰国のスタンプがないのは、このような事情からかもしれない。

一方、筒井徳二郎の方はモスクワ、シベリアを経て、四月十五日、関釜連絡船で下関に着き、翌十六日午後、大阪駅に到着している。ところで最後に、世界二十二ヵ国を巡ったという筒井の帰国経路の謎、座長の筒井だけが、なぜ一座と別れ、単身でモスクワへ行き、シベリア経由で帰国したのかについて一考しておきたい。考えられる理由として、筒井がベルリンで客死した菊地靖祐の遺骨を抱いてロシアを旅した(7)ということなので、もしかしたら菊地がロシア公演か、シベリアに行くことを切望していて（シベリア出兵の経験があったか）、故人の思いを叶えてあげようとしたのかもしれない。モスクワ、シベリア行は鎮魂の旅であったか。もう一つは、演劇交流史の空白と言ってもよく、ロシアの演出家、フセヴォロド・メイエルホリドとの関係である。

これまでの筆者の調査によると、後述の通り、メイエルホリドは前年、パリで「筒井カブキ」を見て感銘を受け、その刺激をヴィシネフスキイ『最後の決戦』の演出に取り入れた可能性が高く、筒井がモスクワに滞在した三月末から四月初めは丁度その芝居を上演中だった（一月七日初日）。同時期、モスクワを訪れた筒井は、大阪毎日新聞の馬場秀夫特派員に市中を隅々まで案内してもらっており(8)、一方でその馬場特派員は、直接メイエルホリドから、歌舞伎の演出法を取り入れた『最後の決戦』を是非見てくれと誘われ、実際にこれを見ているのである。筒井は新派・剣劇役者ながら、既述の通り、知る人ぞ知る歌舞伎通だった。歌舞伎に強い憧憬を抱いてきたメイエルホリドにとって、その情報は、喉から手が出るほど欲しかったに違いない。

メイエルホリドと筒井との関係、筒井と馬場特派員との関係、そして馬場特派員とメイエルホリドとの関係を考え合わせれば、三者がモスクワで出会ってもいず、また当該作品を見てもいないと主張することは、むしろ不自然であろう。つまり三者がモスクワで出会っている可能性は極めて高いと言えよう。三者が出会っていれば、馬場特派員が通訳を務めたはずである。当事者の証言が残っていないのは、当時の両国の国情からうなずけるところではないだろうか。

それならば、なぜ筒井一人でモスクワを訪ねたのかである。元座員の記憶では、当時、中国大陸で戦争が始まりそうな気配があったとのことで、座員全員がシベリア鉄道で帰ることは危険だと判断したことが考えられる。さらに、モスクワで三者が出会っているとすれば、それは偶然ではなく、おそらくメイエルホリドからの強い要請があってのことであり、筒井は一座全体が無理なら、自分一人だけでもモスクワを訪問するしかないと覚悟を決めたのではないか。以上は筆者の仮説であるが、今後、ロシア側の資料が発掘されて、この関連の解明が進むことを望みたい。

以上、筒井徳二郎一座の二十ヵ国を超える海外巡業の軌跡、経路と日程を逐一辿ってみた。九十年前の、鉄道と船を使っての一年三ヵ月にわたる演劇の世界行脚（文字通り地球を一周した）は、実際、筆舌に尽くしがたい苦労があったであろう。興行契約の交渉、旅券の検閲、税関手続、報道関係、ホテルや列車の手配等は、唯一外国語の堪能な日米興行の支配人が一人で世話をやいて、息つく暇もなかったという。座員たちは言葉が通じないため、旅の衣食住はもとより、現地人を雇っての荷物の運搬や、舞台道具のセッティング等に種々支障を来した。その上、上述の日程からも明らかだが、巡業の過密スケジュールをこなさなければならなかった。その日の午後に公演先に到着すると、旅の疲れを取る間もなく、夜には初日を開ける、いわゆる乗り打ちもあった。マチネーも度々やる。そして興行が終わるや、もう翌日、次の巡業地へ向けて出発した。だから旅先でいつ病に倒れるとも知れぬ過酷な旅の連続だった。現に仲間が一人、旅先で不帰の客となった。親しかった友人がその遺骨を抱いて巡業して回ったと、元座員から聞いている。

しかしこの遠来の客の労苦に対して、西洋の人々は感謝の念をもって十分に応えてくれたのだ。それが彼らの何よりの慰めであった。欧州中、どこへ行っても芸術使節並みの歓迎を受け、王侯貴族から一般庶民に至るまで何十万もの人々に感銘を与えることができた。そのため筒井徳二郎は「世界の剣劇王」とまで称えられた。日本では旅興行の新派・剣劇一座だったが、彼地で公演したのは、ほとんどすべて各国一流の劇場であった。それは興行者側の宣伝効果の所為ばかりでなく、この一座が少なくとも一定水準の芝居を提供し得たことと、実際に相当の観客動員力があったことを証明するものであろう（どこの劇場も満席状態で、ほとんど毎日休みなく公演を続けることができた）。

欧米各地での反響については以下の章で述べるが、例えば、オスロー公演を見たある新聞の批評家は、最初異質に思えた二つの世界が、徐々に歩み寄り、互いに心が通い、共感を抱き合うようになった様を目の当たりにして、「芸術は偉大だ。芸術は、国籍や民族の壁を越え、人間性と本能の上に成り立つからである」と感懐を述べている。巡礼の旅にも見えてくる筒井一座の海外巡業、この演劇を通じた東洋と西洋の熱い出会いの軌跡を、日時と場所の特定によって跡付けてみた。

注

（1）星座の会『ティルダ・ヘック客人帳』（有島武郎備忘録（三））、一九九九年、四〇～六二頁、一三一～三三頁。

（2）この身分証明書は、座員・辻十九二の長女、杉本照代氏が所蔵されていた。

（3）座員・菊地靖祐の客死については、永井柳太郎『芸能界今昔』（大手町企画、一九七八）参照。映画俳優として活躍した永井は、大正期、筒井に師事したことがあり、後に菊地の妹と結婚した。

（4）一九三一年一月三十一日付、普通公信第十四号「筒井一座来芬ニ関する件」、外務省外交史

料館所蔵『文学美術及演劇関係雑件・演劇関係』所収。ヘルシンキにおける筒井一座の評判と歓迎ぶりを当地の新聞を添えて報告している。

（5）このゲストブックは郡司智麿氏の孫、舟川はるひ氏が所蔵。郡司氏は一九二七年から一九三一年までフィンランドの代理公使だった。

（6）ラインハルトはリガのドイツ劇場の芝居を二幕まで見て抜け出し、筒井一座が公演しているオペラ座に向かった。

（7）筒井徳二郎「エログロ行脚覚え帳」（完）、『大阪時事新報』一九三一年八月五日参照。

（8）『大阪毎日新聞』一九三一年四月十七日参照。

第四章　ロサンゼルス——世界巡業へ第一歩

新派・剣劇役者の筒井徳二郎は、ロサンゼルスに本社のある日米興行株式会社からの呼び寄せで、一座を引き連れ、はるばる太平洋を渡ってアメリカまでやってきた。日系人社長の安田義哲(よしあき)にとって、日本の芝居を本場、ブロードウェイの檜舞台に掛けて、アメリカ人にその真価を知らしめたいというのが長年の夢であり、関西劇界ではどんな芝居もこなす芸達者として通っていた筒井に白羽の矢を立てたのだった。彼の方でも、以前から海外雄飛のチャンスを狙っていたので、まさに渡りに船と誘いに乗った。しかし渡米公演で成功して帰って来られる保証など全くなかったのであるから、文字通り運を天に任せる無謀な旅立ちだった。何しろ世界恐慌の只中である。それがついには世界二十余ヵ国を巡って、反響を呼ぶことになるとは誰も夢想だにしていなかった。ロサンゼルス公演はまさにその世界巡業への第一歩だった。

1　ドキュメント

筒井徳二郎一行二十二名を乗せた大洋丸は、予定通り一九三〇（昭和五）年一月二十九日午前八時、サンフランシスコ港に到着した。入港と同時に、待ち構えていたハリウッドのニュース映画カメラマンが大洋丸に乗り込み、甲板上で筒井と幹部俳優たちの大刀を抜いての立ち回りや花形女優たちの手踊りをニューズ・リールに収めた。この光景を移民官は取り調べも忘れて見入っていたという。筒井一行が下船すると、埠頭では招待した日米興行の安田義哲社長やマネージャーの入江譲治等関係者の他、多数の日系人及び米人の出迎えを受けた。筒井は一座を代表して、出迎えの人々や報道陣を前に渡米の抱負を語った。

米国へは初めてですが、自分達は一芸人であり乍、日本の芸術を国際的に紹介すると言う尊い責任を持って居ますから、大いに努力し、日本の芸術の真価を知らし度いと思って居ます。

（『新世界』一九三〇年一月三十日）

入港の模様は英字の長文電報で全米各地へ伝えられ、翌日の新聞には「これまでに本国を訪れた最大の日本劇団」などと紹介される。多数の人から歓迎を受けた筒井一行は、その日はフェアモント・ホテルと加州ホテルに分宿することになった。筒井は群集に取り囲まれ、投げ込まれるようにフェアモント・ホテルに入ったが、ここでもまた大勢の新聞記者の訪問を受け、質問攻めに遭った。そしてやっと解放されてみると、自分の部屋がわからなくなり、迷子になってしまったらしい。それほどに宏壮で立派なホテルだった。そこはかつて伏見宮殿下も宿泊されたことのある最高級のホテルだった。しかし、芸術使節でもない筒井一行の渡米が、このようにビッグニュース扱いされ、夢のような大歓迎を受けたのは、もちろん日米興行の宣伝作戦がもたらした結果に他ならなかった。

筒井一行はこうしてサンフランシスコで一泊し、翌三十日午前七時四十五分、サードストリート・ステーションからSP線（サザン・パシフィック鉄道）の「デイライト・リミティッド」号に乗車して出発した。太平洋岸に沿って十二時間南下し、午後七時四十五分、ロサンゼルスのセントラル・ステーションに到着。プラットホームに降り立つや、英字新聞写真班の求めに応じて、座長の筒井が五つ紋の羽織袴姿で刀を振り上げ、スター女優の千草桃代と剣劇の一場面を披露した。さらに座長と幹部男優たちは上段、中段に構えて切り合い、女優たちはずらりと並んで艶やかな着物姿を見せたのだった。ロサンゼルスの駅頭でも、日米興行の安田社長、一座の脚色・演出とニューヨーク公演の交渉を引き受けた舞踊家・伊藤道郎をはじめ、大勢の関係者が出迎えに来ていた。新聞の報道では「剣劇の元祖」「澤正の先輩」という触れ込みで乗り込んできた筒井は、当地でも記者団に向かって、「日本劇界からの一番乗りだけに責任も感じて居ります」などと挨拶を述べた。

やがて出迎え人、駅員、赤帽、市民等、黒山の人が見物する中、日米興行で用意した人力車に千草ら花形女優が乗り込み、筒井たちの乗ったタクシーと共に、駅からリトル東京の日本人街を一巡してホテルへ向かった。筒井夫妻、幹部女優の御園艶子と千草はアンバサダー・ホテルに、その他の座員はオリンピック・ホテルへそれぞれ投宿した。この大騒ぎで、人力車の車夫（法被姿のフィリピン人）は交通混乱を引き起こしたとして、警察から呼び出し状を受けたのだった。このように最初の公演地、ロサンゼルスへの到着を華々しく飾った筒井一座であったが、アメリカ人を意識したその派手なパフォーマンスも、どこか旅芸人の乗り込みと町回りの様子を彷彿させるものがあった。

こうして一行はロサンゼルスという、いわば渡米公演の前進基地に着いたが、当地ではサンフランシスコにもまして盛大な歓迎を受けた。連日連夜、米人あるいは日系人による様々のレセプションやイベントが催され、日本の一座に対する関心がいやが上にも高められることになった。地元の各新聞が競って記事にする中で、ある新聞には、日本人一座の訪問は日米間の友好親善に役立つとして、次のような記事が掲載された。

今月十日から一週間、筒井とその有名な日本人一座がフィゲロア劇場で三幕の音楽劇『サムライとゲイシャ』に出演する契約が近々交わされることは、演劇の領域における米日両国間の友好関係を推進する意味で、また新たな一歩を印すことになろう。最近、この方面で友好親善が示された例は、メアリー・ピックフォードとダグラス・フェアバンクスの東京、横浜訪問であり、彼らは熱狂的に迎えられ、幾つかのレセプションで盛大な歓迎を受けたという。

(*Los Angeles Examiner*, February 2, 1930)

フェアバンクス、ピックフォード夫妻はつい前年末の十二月中旬、上海回りで日本を訪れ、大の日本贔屓になって帰ってきたばかりだった。筒井一座のことを「有名な日本人一座」と称し、彼らの訪米をアメリカ映画の大スターの訪日と比較して取り上げるのは、いかにも大げさである。とはいえ、日本から直接訪米した劇団によって、米人劇場で日本の芝居が行われるという歴史的な出来事を前にして、そこに意義を見出そうとしていることがわかる。

この記事にはまた『バグダッドの盗賊』などのアメリカ映画に出演して、特異な風貌とキャラクターで活躍し、最近帰国したばかりの上山草人のことも書かれており、彼はだいぶ以前、筒井一座にいたとのこと。そして筒井一座の芝居を現在プロデュース中の伊藤道郎に言及し、彼は「演出家として日本とアメリカを結ぶ絆」だとされている。その他、ここには触れられていないが、二年越しに西海岸で巡業していた剣劇の遠山満が、筒井と入れ違いに帰国しており、彼は日本人として初めてサムライ姿でハリウッドのトーキー映画に主演し、日米合作映画が作られた。排日移民法の制定後、白系米人との関係が悪化の一途を辿っていたが、他方でこのよ

筒井と女優たち、日米興行前にて（筆者蔵）

大和ホール（I.M.Murase, *Little Tokyo*, 1983より）

うな演劇・映画の領域における日米交流は、両国間の親善と相互理解の促進にいくばくかの貢献をなしていたと言えるだろう。

ロサンゼルスに到着の翌日、一月三十一日午後七時より、一富士亭で筒井一座の紹介宴が催された。安田日米興行社長が一座招聘の目的を述べた後、筒井座長も渡米の抱負を語って挨拶し、幹部女優の上野一枝、千草桃代、御園艶子らと共に踊りを披露した。

二月一日から三日まで、リトル東京の大和ホール（Yamato Hall）[1]において、邦人を対象とした筒井一座の御目見得興行が行われた。これには邦人と米人の劇評家を招待して、二月十日から行われる米人向け興行の演目を選定するための助言を受けたようだ。

翌四日の午前中、伊藤道郎の指導の下、早速、米人向け公演のための演目の選定を行い、稽古を開始している。午後四時、カリフォルニア・アートクラブのティーパーティーに招待された。午後七時からは、筒井たちが宿泊していたアンバサダー・ホテルにおいて晩餐会が開かれ、アトラクションとして宿泊中の多数の米人に剣劇の数場面、女優たちの手踊りを紹介した。もちろんこれも、間もなく始まる米人向け公演の宣伝のためだった。

二月五日午前十時半、筒井一座は「威風堂々」、黒羽二重の羽織に白足袋、草履の筒井座長を先頭に、振袖姿の女優たち、その他座員大勢でロサンゼルス市庁舎にポーター市長を訪問した。しかし相互の意思疎通を図るのに、間に立った日米興行宣伝係のパーキンスが苦心惨憺したようだ。その時の状景がユーモラスに伝えられている（『日米』二月六日）。新聞によれば、同日午後零時半、ハリウッドの山城御殿を見物し、同所で発声映画の撮影をする予定と書かれている。この予定が実行されたかどうかは不明であるが、同日付で、ロサンゼルス郊外のサンタモニカにある大富豪の庭園で撮影された筒井一座の発声ニュース映画（囃子の付いた男優たちの殺陣と女優たちの踊り）が残っていて、一座が海外で見せた舞台の一端を窺い知ることができる。

二月七日午後零時、当地の有力な婦人社交団体、フライデー・モーニング・クラブのラン

筒井一座のニュース映画（フォックス社製、サウス・カロライナ大学 Newsfilm Library蔵）

歓迎パーティーでアメリカ人に囲まれた筒井たち（杉本照代氏蔵）

チョン・パーティーに筒井一座の幹部八名と安田日米興行社長、伊藤道郎夫妻が招待された。筒井はこの種の社交クラブの婦人たちに幾度も取り囲まれて質問攻めに遭い、すっかり閉口したようである。彼女らは常に遊ぶことばかりを考えており、一体どういう人種なのか訝しく思えたと、帰国後のエッセイに記している。

いよいよ二月十日より十六日までの一週間、南フィゲロア通り九四〇丁目、フライデー・モーニング・クラブのビルディング内に設けられたフィゲロア劇場（Figueroa Playhouse）において、筒井一座の初の米人向け公演が行われた。このロサンゼルス公演はニューヨーク公演の瀬踏みを意味していた。新聞によれば千秋楽の二月十六日、喜劇王チャールズ・チャップリンが来観し、一座の熱心な演技に感心して舞台に跳ね上がり、俳優一人ひとりと握手を交わしたようである（『新世界』二月十九日）。なおいち早くチケットを買い込んだフェアバンクス、ピックフォード夫妻だったが、ピックフォードの体調が悪く、見物ができなくなったとのことで、一座へ美麗な花籠を贈ってきたという。

2　邦人向け公演

まず邦人向け公演である。筒井一座は渡米ツアーの第一歩として、二月一日（土）から三日（月）にかけ、日本人街のリトル東京にある大和ホールにおいて、在米邦人のための特別公演を行った。邦字新聞の広告には「故国剣劇界の元祖　筒井徳次郎（ママ）一派開演　当る二月一日より土、日、月曜三日間大和ホールに於て午後七時開演　日本人社会に於ては之れが最初の最後ですから御見落しなき様に……男優十四名、女優十一名の大一座　日米興行株式会社」と書かれている（『羅府新報』一月二十八日〜二月二日）。

一日の演し物は『近藤勇』（国内では『旭旗風（みはたのかぜ）』とも称していた）五場、『開城前の大石』三場、『不破と名古屋』（『鞘当』）、二日は『日光円蔵（にっこうのえんぞう）』（『国定忠治』外伝）五場、『義経と弁慶』二場、『元禄花見踊』、三日は『討つもの討たるゝもの』一幕、『幡随院長兵衛』五場、『乃木大将』という、筒井一座十八番の剣劇及び歌舞伎の翻案だった。この公演にはわざわざ北・中カリフォルニア方面からも見物に駆けつけたという。既述の通り、大和ホールでの公演は、間もなく始まるフィゲロア劇場での米人向け公演の試験的準備としても行われたので、邦人及び米人の批評家が招待されていた。三日間の公演を終えた後、彼らの助言も参考にして、この邦人向け公演の演目の中からは『不破と名古屋』、『日光円蔵』の二本が米人向け公演の演目に選ばれたのだった。

この大和ホールでの公演に関して「剣劇を見たまゝ」という役者の演技評が「上」「中」「下」、三回にわたって邦字新聞に掲載された（『新世界』二月四日〜六日）。若干の役者に絞って紹介しておく。『近藤勇』で勤皇志士・古高俊太郎の妹知恵子を演じた千草桃代は、「おつとりとした芸の持主、然しあまりに冷か過ぎだ、熱と力を入れてやつて貰ひたい」と評されている。しかしこの女優は容姿に優れた一座の花形女優であり、以後、海外各地どこでも称賛を浴びることになる。御園艶子は女優のぴか一であるとし、「舞台を踏んで古い役者だけに役柄をよく心得てをり役をこなしていた。どつちかと云へば毒婦型であるが、あだつぽい芸者も柄にはまつている女優だ」と評している。その上で、『近藤勇』で演じた祇園の芸者君勇は、勤皇志士・本山七郎の「本さんと死ぬる場面はちつとくど過ぎて観衆を飽かした感じがする、……それよりも死に対する執着を無みした静寂さをあそこに出して呉れたらと思つた」と注文をつけている。

『日光円蔵』で忠治を演じた三桝清は、「特に白人にはこのひとが一番うけはしないだろうか。繊かい芸もよくこなすが、それよりもぐつと舞台を引き締めて行く熱がある、そして声の通りと、つやがある、その上にもつとヨクヨウがあつたら鬼に金棒と云ふところであろう」と称賛している。事実、この日本人批評家は西洋人の好みをよく見抜いており、欧州各地どこでも最も高い評価を受けたのは三桝の忠治役だった。

座長の筒井徳二郎については、「大阪育ちだなとすぐ肯かれるほど技巧がうまい」として、特に『近藤勇』の目明し伝吉の役は「第一幕で手紙を盗み読みして逃げるあたりは工夫したあとが見える」と称賛している。しかし主役の近藤勇や日光円蔵は合格点を出しているが、どれも共通の癖があり、演じ分けが不十分だったと指摘する。それに対して『義経と弁慶』における弁慶の役を取り上げ、「筒井はこうした役の方が剣劇よりはうまくはないだろうか、……苦心して演出している点はこの役で十分認められる」と褒めている。芸達者で歌舞伎通、その他、筒井の役者像をよく捉えているのではないだろうか。

最後にこの日本人批評家は「剣劇を見るといふよりも、歌舞伎の現代化を見る心算で筒井一座を見物すればたしかに得るところがある」と結んでいる。以上、この「剣劇を見たまゝ」の指摘は、アメリカを振り出しに海外二十二ヵ国を巡って各地で評判を呼んだ筒井一座に関して、日本人から見た演技の質と実力をほぼ的確に言い当てていると見なしてよいであろう。

3　米人向け公演――演目・梗概・配役

大和ホールでの公演を終えて一週間後、いよいよ二月十日、フィゲロア劇場において檜舞台のニューヨーク公演の成否を占う米人向け公演、ロサンゼルス公演の初日を迎えた。英語の公演プログラムの冒頭には次のように書かれている。

アメリカ初の試みとして、シアター・ギルド主催のニューヨーク公演に先立ち、一九三〇年二月十日（月曜夜）より、水曜と土曜はマチネー、一週間のみの予定にて、日米興行株式会社が、大阪の道頓堀劇場（ママ）に出演していた筒井徳二郎とその一座による一連の日本の音楽劇を、『サムライとゲイシャ』と題して公演いたします。アメリカ公演用の脚色並びに演出は伊藤道郎、舞台美術は龍〔竹逸郎〕が担当いたしました。いずれの場面も十八世紀初頭、元禄時代が舞台となっています。

この触れ込みで重要な点は、日本から来た一座が、間もなく芸術性の高い公演で有名な演劇

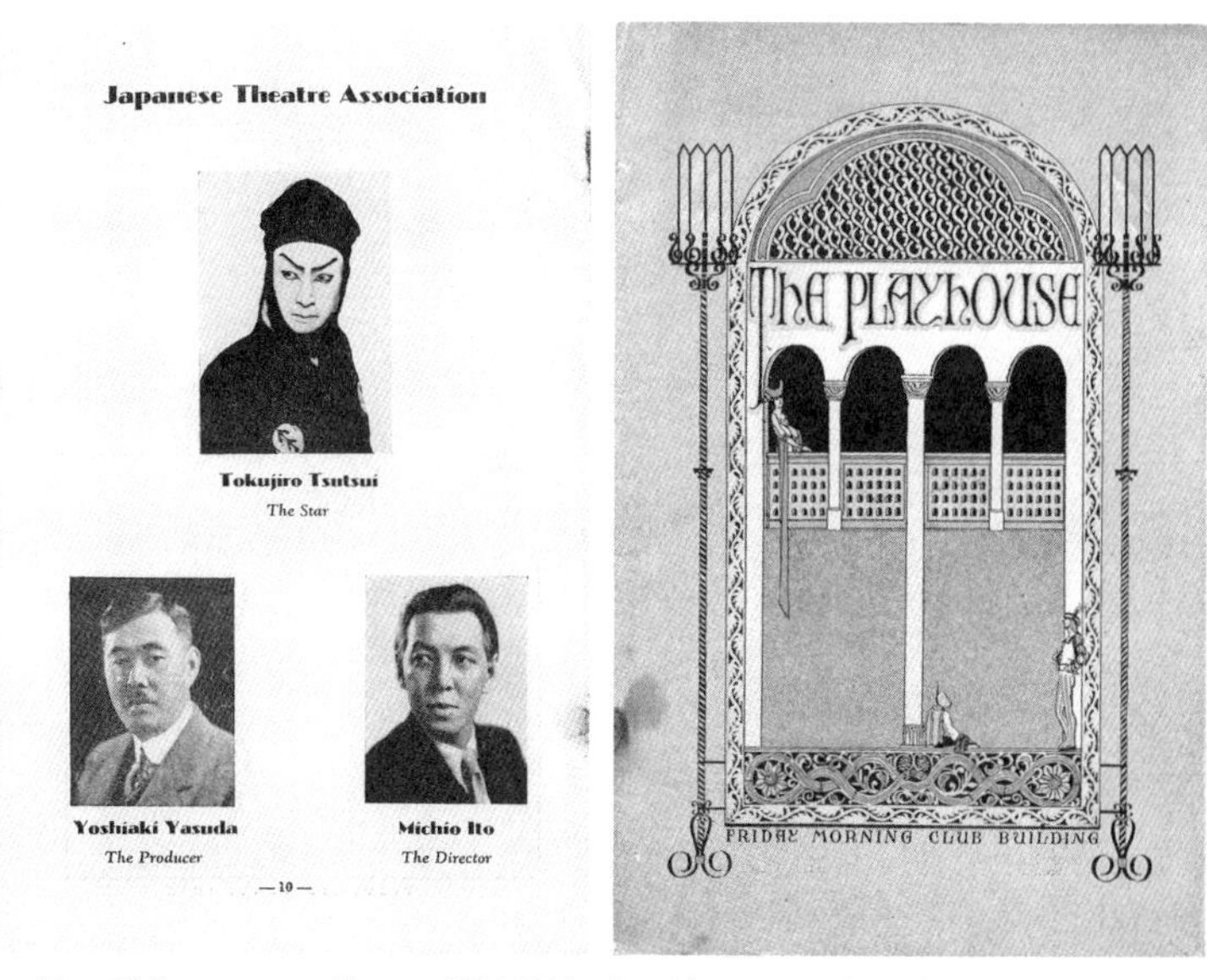

ロサンゼルス・フィゲロア劇場公演プログラム。写真は上から日光円蔵に扮する筒井、右下は演出担当の伊藤道郎、左下は日米興行社長の安田義哲（筆者蔵）

集団、シアター・ギルドの手でニューヨークの舞台に立つことと、一座の脚色と演出を著名な日本人舞踊家の伊藤道郎が担当しているということであろう。一座の公演が、果たしてこの宣伝通りの評価を得ることができるかどうか、関係者、マスコミ、一般市民、みなの注目するところだった。いま一つ人目を引く点は、筒井が「大阪の道頓堀劇場に出演していた」という紹介である（これはもちろん「大阪の道頓堀の劇場」の間違いである）。英字新聞にも大阪から直接やってきたと記されている。ニューヨーク公演のプログラムに

『春の祭り』フィナーレ(ロサンゼルスの写真家・宮武東洋撮影、パリ公演プログラムより)

は京都出身と書かれ、渡欧してからは、東京から来たとか、漠然と日本の役者と紹介されることが多かったのと大きな違いである。確かに筒井は大阪出身の役者であり、渡米する数ヵ月前まで、実際に約一年間、ほとんど大阪・道頓堀の弁天座や角座に出ていた。第二次大戦までは、大阪の道頓堀と言えば、ニューヨークのブロードウェイに相当する大興行街だったのであり、事情に通じた日系人の多いロサンゼルスでは、事実を伝えることが得策と関係者は判断したのであろう。

ロサンゼルス公演は二月十六日までの一週間、マチネーも含めて合計六回行われた。演目は、大和ホールでの邦人向け公演から二本、『不破と名古屋』(『鞘当』)と『日光円蔵』(『国定忠治』外伝)を選定した。一番目は歌舞伎の翻案『不破と名古屋』に『京人形』の左甚五郎の話を繋いで『彫物師の恋』と称し、二番目は剣劇『日光円蔵』の題名を『影の力』と改め、三番目の切は新たな演し物、歌舞伎風の芸者の踊りと獅子物をアレンジ、『春の祭り』と称して出した。これが二十二ヵ国七十余ヵ所、一年三ヵ月に及ぶ筒井一座海外巡業の処女公演の内容であり、すべての出発点だった。そこで、公演プログラムに載った演目の梗概と配役をそのまま訳し、以下に掲げる。公演内容をアメリカ人にわかりやすく伝えるための一つの工夫として、初日は南カリフォルニア大学（ＵＳＣ）の中沢健教授が公演の案内役を務め、英語に適宜翻訳した。この方法は欧州巡業でも採用されることになり、欧州各地では主に現地俳優が現地語で公演内容を説明した。

①**『彫物師の恋』**（*The Sculptor's Romance*）

江戸市中、「提灯の灯で明るい通り」、二人の侍が一人の花魁を巡って争う。花魁が侍の喧嘩を止めようとした時、自分の鏡をなくしてしまう。日本には鏡は女の魂だという言い伝えがある。花魁を密かに好いていた若い彫物師は、花魁の鏡を拾う。これに霊感を受けて花魁の人形を彫ると、人形が突然生きたものとなり、若者をもてなすのだった。

〈第一場〉江戸、桜花爛漫の通り

冷かし……岩田英一
　　　　　菊地靖祐
鉄棒……泉一作
按摩……山田好良
辻占売……赤木徳子
新内流し……佐藤たき子
　　　　　　小野田長三
酔っ払い……三桝清
不破伴左衛門……筒井徳二郎
名古屋山三……山中實
高尾太夫……御園艶子
村雨太夫……上野一枝
木花太夫……千草桃代
かむろ……赤木徳子
　　　　　岡田須磨子
やっこ……春日野まさ子
　　　　　鈴木すみ子
傘持ち……小野田長三
　　　　　長谷川泰市
甚五郎……森肇

幕間なし

〈第二場〉甚五郎の仕事場

甚五郎……森肇
母……山田好良
勘定取り……辻十九二
人形……千草桃代

幕間なし

〈第三場〉花魁たち、踊り収め

十分間の幕間

② **『影の力』**（*The Shadow Man*）

剣劇。日本のどこか地方の領主が茶屋の娘に懸想する。娘は領主の非情な態度を腹立たしく思う。老農夫は年貢の掟の破棄を請う一方で、領主の恋の邪魔をし、殺される。農夫の息子も茶屋の娘に恋しており、浪人侍で善意の体現者「影の力」に剣術の指南を受ける。まず若い農夫は、行商人の金を盗もうとした乱暴な盗賊をやっつけて腕試し。それから父を殺した領主に仇討しようとする。若者は家来たちに襲われ、勇敢に戦うが、深手を負ってしまう。「影の力」なる人が助太刀に現われ、領主と家来たちを完全に打ち負かしてくれる。お蔭で若者は茶屋の娘の愛を手に入れる。

〈第一場〉赤木山麓のとある茶屋

茶屋の娘……………千草桃代
領主……………………菊地靖祐
┌辻十九二
松井（代官）…………泉一作
卯左衛門（名主）……山田好良
忠治（名主の息子）……三桝清

家臣……長谷川泰市
　　　　岩田英一
　　　　山中　實
　　　　小野田長三

影の力（影の人）……筒井徳二郎

七ヵ月後

〈第二場〉惣社村近くの森

泥棒……森肇

その女房……御園艶子

行商人……山田好良

その娘……上野一枝

忠治……三桝清

その子分……岩田英一
　　　　　　辻十九二

影の力……筒井徳二郎

一ヵ月後

〈第三場〉松井の館、惣社村

小姓……赤木徳子

領主……菊地靖祐

忠治……三桝清

影の力……筒井徳二郎

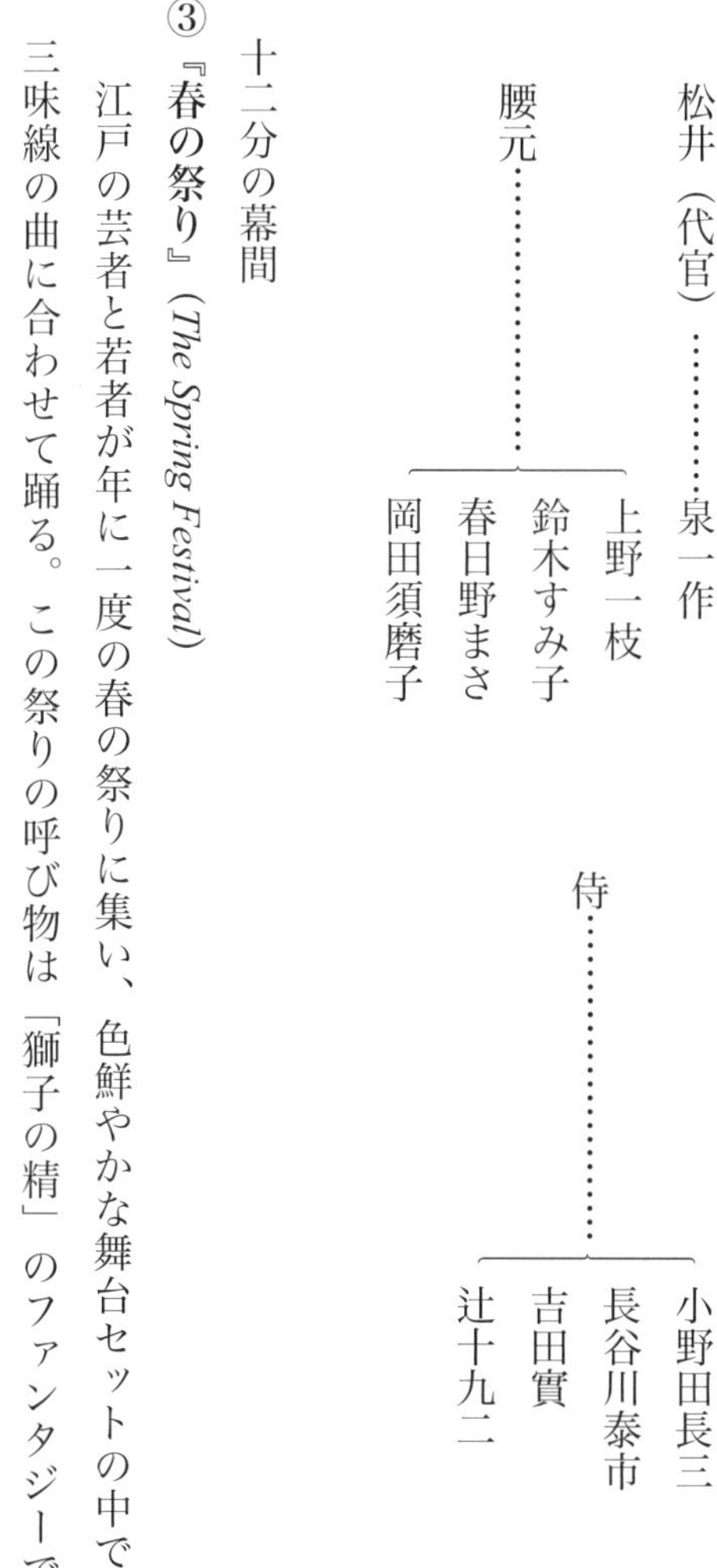

松井（代官）……泉一作

腰元……上野一枝／鈴木すみ子／春日野まさ／岡田須磨子

侍……小野田長三／長谷川泰市／吉田實／辻十九二

十二分の幕間

③『**春の祭り**』（*The Spring Festival*）

江戸の芸者と若者が年に一度の春の祭りに集い、色鮮やかな舞台セットの中で、笛や三味線の曲に合わせて踊る。この祭りの呼び物は「獅子の精」のファンタジーであり、「蝶々の舞」である。

〈場面、江戸市中〉

唄……筒井えい子

立三味線……芝きみ

獅子の頭……三桝清／泉一作

脇三味線……馬場初音
鼓……吉田實
芸者……御園艶子
　　　　春日野まさ子
　　　　鈴木すみ子
若者……岩田英一
　　　　辻十九二
　　　　森肇
　　　　山田好良
フィナーレ――座員総出

獅子の尾……山中實
　　　　　　菊地靖
蝶の精……千草桃代
　　　　　上野一枝
獅子の精……筒井徳二郎
子獅子の精……岡田須磨子
　　　　　　　赤木徳子

4　反響と評価

では海外巡業の処女地ロサンゼルスでの反響はどのようであったか。まず興行面で見ると、日米興行が金に糸目をつけず、英字新聞等を使って派手に宣伝を繰り広げたわりに、客の入りは良くなく、日を追って徐々に増えて行くという程度だった。ロサンゼルス公演は、ニューヨーク公演の試金石として、何とか米人の関心を引こうとして行われたが、興行的には厳しい前途を予感させるものだった。しかし劇場に足を運んで、筒井一座の芝居を実際に見たアメリカ人批評家は満更でもなかったようである。

ロサンゼルス公演の第一の特色は、台詞を少なく、筋の単純化を図り、身体表現を重視した芝居のわかりやすさであろう。この脚色と演出を担当したのが、滞米十数年の舞踊家・伊藤道郎である。日本演劇について予備知識のない当時、海外公演を行う場合に、当然の措置であろうと思われるが、アレンジメントや改作は日本演劇を歪めて伝えるとして、国内では一般に反対意見が多かった。それに対して「我々日本人の見たいと思ふもの、又見て面白いものがアメリカ人に向くとは思われない」(『羅府新報』一九三一年六月二十六日)というのが、伊藤の考え方だった。

筒井一座はこのように伊藤の指導のもとに、いわば三十年前の川上音二郎一座のひそみに倣う恰好になった。新聞によると、芝居の「ストーリーは主として踊り、仕草、殺陣で物語られ、アメリカ人の観客に容易に理解できるようになっている」と宣伝されていたが(*Los Angeles Examiner*, February 10, 1930)、事実、その通りであったようだ。

ロサンゼルス公演において、比較的好評を博すことができた演目は、剣劇『影の力』だった。

侍と百姓の争い、父の仇討ちに若者の恋愛をからめたメロドラマチックな筋の展開、それに激しい殺陣の迫力などがアメリカ人の関心を引いたようである。この作品がアメリカ人好みであることは評者の言葉に十分現れている。例えば二月十一日付『ロサンゼルス・イヴニング・エクスプレス』(*Los Angeles Evening Express*, February 11, 1930)は、『影の力』は「テーマ、人物類型、そしてリアリスティックな活力において、われわれの初期のメロドラマによく似ている」と評している。個々の演目について最も詳しい批評を載せているのは二月十二日付『ロサンゼルス・タイムズ』(*Los Angeles Times*, February 12, 1930)であるが、この剣劇を「スリリングなメロドラマ」として、次のように述べている。

それは時々、真に迫ったアクションを見せるばかりでなく、ヒーローに驚くべきリアリティーを持った演技をさせている。この役を務めるのが三桝清であり、彼が開幕場面で虐殺された父を見て嘆き悲しむところは、実に感動的で出色の出来である。

この場面はその後も海外各地で最も好評を博したところであり、最初の公演地からそうであったことは注目に値する。二月十一日付『ロサンゼルス・エグザミナー』の評者フローレンス・ローレンス(サイレント映画の名優)も三桝を実力俳優として褒め、彼が「劇中の重い責任を果すと、突然思わず客席から拍手喝采がわき起こることが一度ならずあった」と。一方、「人を惹きつける個性と、細身でありながら存在感のある体躯を具えた筒井は、剣劇場面で最も生き生きしている」、『影の力』では彼が舞台に登場する度に、ある種の神秘性が現れ出る」と評しており、筒井の貫禄と老巧な演技が光っていたようだ。

さらに『ロサンゼルス・エグザミナー』は、アメリカ人は日本の剣劇を好むが、「当劇団が観客を楽しませたのは、このサムライの武器を振り回したからだけではない。いずれの演し物にも感情と想像力に訴えかけるものがふんだんにあった」と述べ、筒井一座の芝居に剣劇を超える価値を見出そうとしているように見える。

絵画美というものが常に衣装にも芝居の上演にもあり、また構成美も絶えず表現されていた。どの演者も身のこなしと技巧を見せていたし、細かな仕草が巧みに組み合わされていて、少し大げさかもしれないが、そのおかげで、アメリカの観客は日本語によるドラマをより良く理解できるのだ。

この点に関して『ロサンゼルス・タイムズ』の評者は、筒井一座のロサンゼルス公演で最も成功しているのはむしろ絵画的な表現であり、そういう意味では、特に切に行われた獅子物、親子の獅子と一対の蝶々が音楽に合わせて戯れる陽気な演し物『春の祭り』が優れていると主張する。獅子の精と蝶の精が桜の花を背景に戯れ踊るこの楽しい演し物を、これまでに見たことのないユニークな作品と評価し、次のように称賛する。

筒井が扮する獅子の精の流れるような白のたてがみと、彼のまとった衣装がすばらしい。そしてそれを背景に演者たちが登場する桜の花のセットが実に美しい。

剣劇の激しいアクションの後に、このように明るく楽しい所作物を持ってくることは、興行の定石であろうし、またアメリカ人にも効果的だったと思われる。豪華なメーキャップを施して獅子や蝶を演じる座員が、笛や三味線の音に合わせて踊る姿を見て、『ロサンゼルス・イヴニング・エクスプレス』は次のように述べている。

当地を訪問中の俳優たちはこれらすべてのことに、われわれの近代演劇の与り知らない自由奔放さをもって打ち込んでいる。俳優たちはすべてリズムとリズムの大切さをよく心得ていると共に、高度な身振り演技に到達しており、また集団演技を抑えるか、それともその価値を発揮するかの使い分けができることを証明している。

しかし演目の中で、さほど批評家の関心を引かなかったのは、意外にも江戸市中を舞台とした、花魁と侍が登場する、エキゾチシズムにあふれた『彫物師の恋』だった。アメリカ人の嗜好に投じようと、この一番目の演し物にちなんで公演全体を『サムライとゲイシャ』と題したにもかかわらずなのだ。この傾向は基本的にニューヨークでも、パリ以降の欧州巡業でも変わりなかった。『彫物師の恋』は、一人の花魁を巡って二人の侍が喧嘩する話（歌舞伎『鞘当』）に、彫物師が惚れた花魁の鏡を拾って、花魁に似せて人形を彫り、その生きた人形と踊るという話（歌舞伎舞踊『京人形』）が接続されている。『ロサンゼルス・タイムズ』は「この作品は多分、後続のものと比べて、一般の興味を引くことはなかったであろう。女性が命を得て動き出すという舞踊によるエピソードを、いささか引き延ばしすぎたきらいがある」と述べ、この後半の踊りを退屈と見た。

ところでロサンゼルス公演全体の問題点として、公演時間の長さが指摘された。『ロサンゼルス・イヴニング・ヘラルド』(*Los Angeles Evening Herald*, February 11, 1930）は「原作に幾多のカットを施しているにもかかわらず、筒井徳二郎と彼の日本人一座によって提供される芝居は、アメリカ人観客の関心を引くにはあまりに長すぎる」と指摘し、『バラエティー』(*Variety*, February 19, 1930）も「上演時間が長すぎる。芝居がはねるのがほとんど真夜中であると批判。開演は午後八時三十分だった。終演が十二時近かったとすると、全体で優に三時間を超える。当時のアメリカの観客にとって、外国語による芝居を見るにはこの時間は少々長すぎたようだ。

筒井一座のロサンゼルス公演は、以上の通り批評界には比較的好評だったが、観客動員数や現場での観客の反応を目の当たりにすると、当事者には決して満足できるようなものではなかった。伊藤道郎は滞米十数年の舞台経験を生かして、筒井一座の芝居をアメリカ人の嗜好に投じるように大胆に脚色・演出したのであるが、公演の結果を見て、関係者たちは、演劇の本場、ニューヨークで成功を収めるためには、まだまだ不十分なものを感じたに違いない。座長筒井の回想によれば、伊藤は種々思案して計画を練り直し、帰国直前の早川雪洲も助言をしてくれたようだ。また一座の稽古をアメリカ人にも見せて、解釈してもらったという（「漫談・欧米の旅」）。筒井一座は二月十六日にロサンゼルス公演を打ち上げた後、直ちに東行する予定だったが、出発は一週間程延びて、二月二十五日となった。新聞報道はその間のことを、この度の試演の反省を踏まえて、狂言に色々改良を加えるなど、ニューヨーク公演の準備に時間を費やしたと伝えている。一座の目指すは、ニューヨークはブロードウェイのブース劇場での公演だった。

注

（1）ジャクソン街にあった大和ホールは、リトル東京のランドマークの一つだった。一九一七年から一九二三年まではここに西本願寺仏教会があったが、その後、日本の芸人一座の公演や二世ウィークの芸能コンテストなどに使われた。三階には東京倶楽部という賭博場があり、二十年代、三十年代に大いに栄えた。Cf. Ichiro Mike Murase, *Little Tokyo. One Hundred Years in Pictures*. Los Angeles: Visual Communications/Asian American Central, Inc., 1983, pp.13f. and 64.

第五章　ニューヨーク――恐慌と梅蘭芳の狭間で

筒井一座のニューヨーク公演は、在米十数年、つい前年までニューヨークで活動していた舞踊家・伊藤道郎が、日米興行の安田義哲社長から依頼を受けて交渉に当たった。しかし前年十月のウォールストリートの株式大暴落に始まった経済恐慌の中で、交渉は難航する。ようやくシアター・ギルド（劇場協会劇団）との間で契約が成立したのも束の間、先方から一方的に契約を破棄してきたため、リスクを背負って、日米興行自身の手で興行を打たざるを得なくなる。だが一座のニューヨーク公演に立ちはだかるものは不景気だけではなかった。

筒井一座が東海岸に向かおうとしていた矢先、京劇の名優・梅蘭芳一行が渡米し、二月中旬から二週間の予定でニューヨークにおいて公演中というニュースが伝わったのだ。情報の伝わりにくい当時のこととて、中国劇団の来訪は日米興行の全く予期せぬことだった。演出担当の伊藤道郎と関係者は、様々に作戦を練り、三月四日、ニューヨーク、ブロードウェイのブース劇場での初日に備えた。ところが梅蘭芳一座は好評につき、公演をさらに三週間延長したため、筒井一座はついに中国の名優一座とブロードウェイで鉢合わせすることになってしまったのだ。

1　ドキュメント

ロサンゼルス公演後、一足先にニューヨーク入りした伊藤道郎と日米興行のレウィス・バーリントン監督から、中国の名優・梅蘭芳がブロードウェイの四十九丁目劇場において興行中で、人気を博しているが、「東洋趣味が勃興している矢先とて反つて好都合」と強気の連絡をしてきた（『新世界』一月三十日他）。

二月二十五日午後六時、筒井一行二十八名（含現地参加者）はプルマン豪華寝台車一台、大小道具を満載した貨車一台を貸し切りにし、男優はすべて黒羽二重の羽織袴、女優は派手模様友禅振袖という出立ちで、SP線（サザン・パシフィック鉄道）に乗ってロサンゼルス駅を出発した。身なりと乗り物は役者としての品格を表わすものと、日米興行も金に糸目をつけなかった。また日本から渡米したばかりの筒井たちが、異国の鉄道で長旅をするのは何かにつけ不自由が多いことを慮り、日米興行の入江譲治マネージャーが付き添い、万端の便宜を図ることにした。

筒井一行は南回りのサンセット・ルートではなく、サンフランシスコから、オグデン、オマハ、シカゴに至るオーヴァーランド・ルートを取り、シカゴからニューヨークに向かった。シカゴからニューヨークに向かう途中、ナイヤガラの大瀑布を見物したが、座長の筒井はその時のエピソードを帰国後のエッセイ「漫談・欧米の旅」に書いている。

紐育へ乗込みの途中、ナイヤガラ滝に願をかけ、と云つたら妙な奴だと思ふでせうが、一座の成功を祈らうと思つて見ても、外国と云う所には教会の外に神様がいらつしやらない、其処で日本に於ける滝の伝説を其のまゝに応用してナイヤガラに不動明王を祈り金毘羅大権現を祈つたものだ。

ここにはニューヨーク公演を間近に控えた座長の、神仏にもすがりたくなるほどの心細い気持が表われていると共に、他方でそれを吹き飛ばせるだけのしたたかなユーモア精神の持ち主であったことがわかる。行く先々で様々な困難に遭遇しながら、一年三ヵ月にわたる海外巡業をやってのけた筒井のバイタリティーの秘密は、このあたりにあるのかもしれない。

三月一日午後六時五十分、筒井一行はノース・ショーア特急でニューヨークのグランド・セ

ベン・ソロウェイ筆の梅蘭芳の肖像画（ベン・ソロウェイ・スタジオ蔵）

『ニューヨーク・タイムズ』に載った筒井の肖像画、ベン・ソロウェイ筆（ベン・ソロウェイ・スタジオ蔵）

ントラル・ステーションに到着した。「全団員は打ち揃つて日本着にて特に女優連のあでやかな日本着姿が美しく人目を惹いた」と新聞が伝える通り（『羅府新報』三月四日）、彼らの衣装は十分な宣伝効果を発揮したようだ。駅頭には約百名の日米人が出迎え、黒山の人が取り囲み「日本のハラキリ」と叫ぶ中を、筒井たちはタクシーで出演予定のブース劇場隣接のホテルへ向かった。

一座のニューヨーク到着のニュースを、地元の各種新聞が一斉にセンセーショナルに報じた。中でも最も影響力のある『ニューヨーク・タイムズ』は翌三月二日（日曜日）のドラマ・音楽・映画セクションの第一面に、四段抜きで二十四センチ四方の大カット、大石内蔵助に扮した筒井徳二郎の肖像画（ベン・ソロウェイ筆）(1)を掲載し、また同セクションの演劇便りに一面の半分を割いて

筒井一座の公演が行われたニューヨーク・ブース劇場（1999年、筆者撮影）

剣劇と日本演劇の解説を行った。さらに同日のグラビア・セクションには、一座の若手女優、赤木徳子の舞い踊る姿の写真も大きなカットで載った（*The New York Times*, March 2, 1930）。

これまでニューヨークの舞台に立った日本人なら、二年前の早川雪洲がいるが、日本から直接来訪した劇団としては、三十年前の川上音二郎・貞奴一座以来の久々の来演だった。しかも大胆にも、ブロードウェイの目と鼻の先で公演中の中国の名優・梅蘭芳の向こうを張る形なのだ。こうして筒井一座のニューヨーク乗り込みはビッグニュースとして報じられた。

筒井一座はいよいよ三月四日、午後

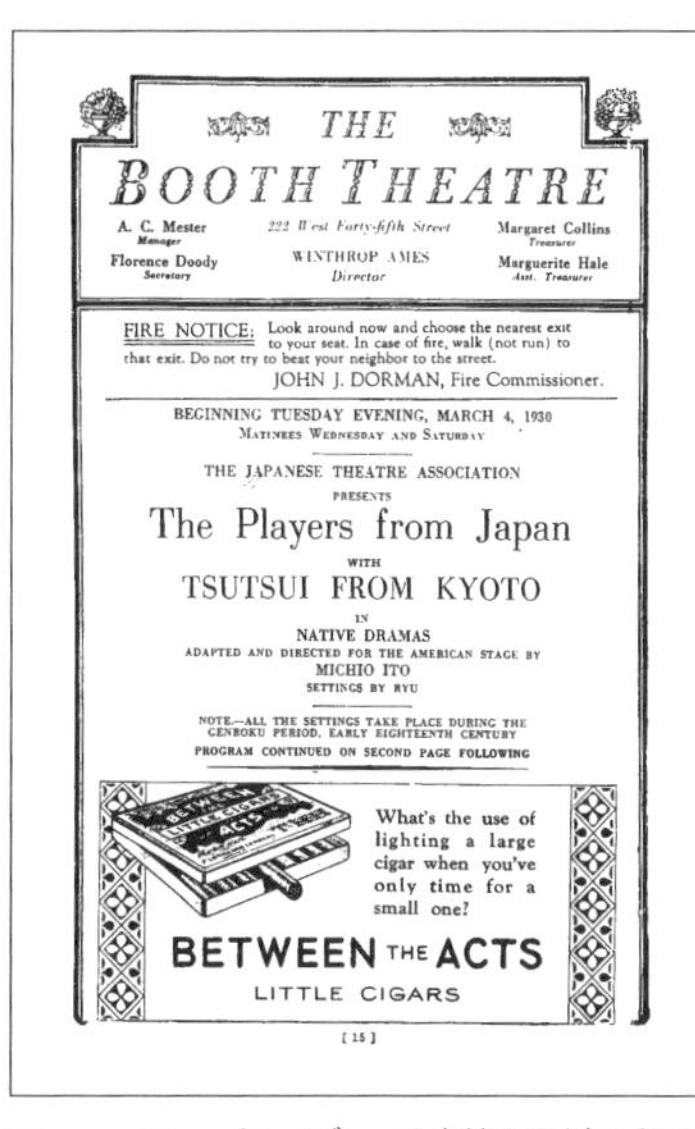

THE
BOOTH THEATRE

A. C. Mester, Manager
Florence Doody, Secretary
222 West Forty-fifth Street
WINTHROP AMES, Director
Margaret Collins, Treasurer
Marguerite Hale, Asst. Treasurer

FIRE NOTICE: Look around now and choose the nearest exit to your seat. In case of fire, walk (not run) to that exit. Do not try to beat your neighbor to the street.
JOHN J. DORMAN, Fire Commissioner.

BEGINNING TUESDAY EVENING, MARCH 4, 1930
MATINEES WEDNESDAY AND SATURDAY

THE JAPANESE THEATRE ASSOCIATION
PRESENTS
The Players from Japan
WITH
TSUTSUI FROM KYOTO
IN
NATIVE DRAMAS
ADAPTED AND DIRECTED FOR THE AMERICAN STAGE BY
MICHIO ITO
SETTINGS BY RYU

NOTE.—ALL THE SETTINGS TAKE PLACE DURING THE GENROKU PERIOD, EARLY EIGHTEENTH CENTURY
PROGRAM CONTINUED ON SECOND PAGE FOLLOWING

What's the use of lighting a large cigar when you've only time for a small one?
BETWEEN THE ACTS
LITTLE CIGARS

[15]

ニューヨーク・ブース劇場公演プログラム（表紙・扉）（ニューヨーク・パブリック・ライブラリー蔵）

八時三十分、ブロードウェイ沿いの西四十五丁目二百二十二番地にあるブース劇場（Booth Theatre, 222 West 45th St.）に乗り込んで、向こう四週間の公演予定で初日の幕を開けた。演し物は前月のロサンゼルス公演を引き継いだもので、新趣向を加えて上演された。一番目の外題が『彫物師の恋』（歌舞伎の『鞘当』と『京人形』をつなげたもの）から『恋の夜桜』（*Romance in Cherry Blossom Lane*）に改められ、二番目は剣劇『影の力』（*The Shadow Man*）のまま、切の三番目は舞踊『春の祭り』から『祭り』（*Festival*）に改められた。初日を開け、予想を上回る好評に気を良くした伊藤道郎は、早速、

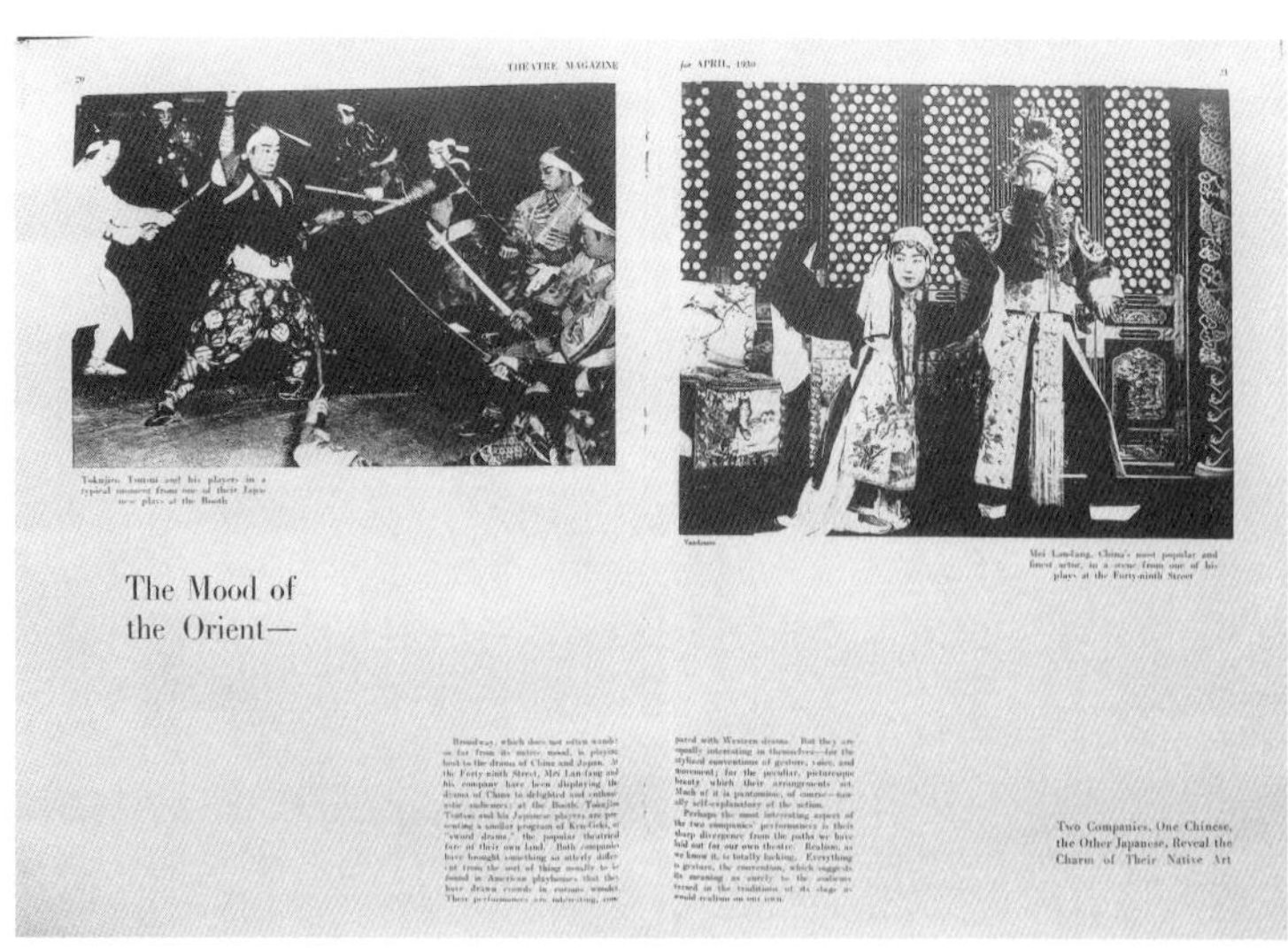
THEATRE MAGAZINE for APRIL, 1930

Tokujiro Tsutsui and his players in a typical moment from one of their Japanese plays at the Booth

Vandamm

Mei Lan-fang, China's most popular and finest actor, in a scene from one of his plays at the Forty-ninth Street

The Mood of the Orient—

Broadway, which does not often wander so far from its native mood, is playing host to the drama of China and Japan. At the Forty-ninth Street, Mei Lan-fang and his company have been displaying the drama of China to delighted and enthusiastic audiences; at the Booth, Tokujiro Tsutsui and his Japanese players are presenting a similar program of Ken-Geki, or "sword drama," the popular theatrical fare of their own land. Both companies have brought something so utterly different from the sort of thing usually to be found in American playhouses that they have drawn crowds in curious wonder. Their performances are interesting, compared with Western drama. But they are equally interesting in themselves—for the stylized conventions of gesture, voice, and movement; for the peculiar, picturesque beauty which their arrangements set. Much of it is pantomime, of course—naturally self-explanatory of the action.

Perhaps the most interesting aspect of the two companies' performances is their sharp divergence from the paths we have laid out for our own theatre. Realism, as we know it, is totally lacking. Everything is gesture, the convention, which suggests its meaning as surely to the audience versed in the traditions of its stage as would realism on our own.

Two Companies, One Chinese, the Other Japanese, Reveal the Charm of Their Native Art

Theatre Magazine for April, 1930に見開きで掲載された筒井一座と梅蘭芳一座

スポンサーの日米興行へ次のような勝利の電報を飛ばした。

紐育の檜舞台に乗出した筒井剣劇一座は、支那の名優梅蘭芳の人気を圧倒し、ブース劇場で初日二日目共大入満員（『日米』「南加版」一九三〇年三月八日）。

しかしながら、伊藤のこの勝利宣言は少々気が早過ぎた。筒井一座がニューヨーク到着前、ブロードウェイ沿いの四十九丁目劇場で人気を博していた梅蘭芳一座が、当初の二週間の公演予定をさらに三週間延長することを決め、筒井一座初日の前日、三月三日から場所を四十一

丁目の国立劇場に移して、新たな公演を開始していたのである。その後、筒井一座の方は、再び人気を盛り返した梅蘭芳にすっかり客を奪われて、ブース劇場での興行が二週間で打ち止めとなった。開演中はアメリカ在住の早川雪洲、南部邦彦の両夫妻が毎日のように劇場を訪れて世話を焼いた（『羅府新報』三月十六日）。一座は日米興行との間に三ヵ月間の興行契約を交わしていて、ニューヨーク公演を打ち上げた後は、周辺諸都市を巡業する予定だったが、緒戦で早くも敗退、文字通り路頭に迷うような事態となってしまった。

筒井一座はその後、他の劇場を探してみたが、ニューヨークで興行の当てがなく、フィラデルフィアへ巡業に出かけようとしている矢先、幸運にも伊藤の友人で、一座の公演を見て気に入ったパリの大物興行師、アルノール・メッケル（Arnold Meckel）(2)から招聘の交渉を受け、パリのピガール座（Théâtre Pigalle）と契約を交わすことになった。そのため、三月二十六日、日米興行の安田社長はロサンゼルスを発ち、ニューヨークへ向かった。

その内に幸運は重なるもので、筒井一座は七番街と西五十丁目の交差点にあるロキシー劇場（Roxy Theatre）との間で、四月五日から二週間の公演予定が決まったが、前週からの興行が引き続き行われたため、四月十一日から一週間のみの公演となった。劇場側はその埋め合わせに、同劇場での一座の演し物がフォックス社の手でトーキーフィルムに撮影されるよう計らってくれた。ただしロキシー劇場での演目は『恋の夜桜』一本のみで、アメリカ映画 *Cock O'*

The Walk の後で、他の二つの小品と共に舞台に掛けられた。しかも座付の二百人の踊子が応援出演してくれたので、元来その傾向があったこの演し物はいよいよレヴュー化（『鞘当』の翻案『恋の夜桜』に『忠臣蔵』を接続するなど）した。当劇場は三年前に開館したばかりの、六二〇〇人の収容を誇る世界最大の劇場兼映画館だった。

筒井一座がロキシー劇場に出演中、とんだハプニングが起きた。それは座員の辻十九二が突然に行方不明になって、舞台を混乱に陥れたことだ。八方探し回った結果、二日目にようやく、劇場内の病院に入院して泣き面をしている辻を見つけた。理由は、舞台で膝を少し擦りむいたが、座付の踊子が医者を呼んでくれて、医者と看護婦が大袈裟に入院させてしまい、言葉が通じないので戻してもらえなかったとのこと。筒井座長は早速交渉に当たったが、俳優組合の思惑を恐れて、軽傷者でも大げさに扱う習慣になれた医者は取り合ってくれず、辻はパリへ出発するその日まで、無病の入院を続けなければならなかった（「漫談・欧米の旅」）。

四月十八日午後四時、筒井一行は日米興行の入江譲治マネージャーと共に、安田社長他、多数の日米人に見送られ、イル・ド・フランス号でパリへ向けてニューヨーク港を出帆。こうして欧州公演も日米興行の手で行われることになる。

2　反響と評価

筒井一座のニューヨーク公演は、やはり伊藤道郎の演出で行われたので、ロサンゼルス公演の延長線上にあった。伊藤は舞踊家としての経験から、日本の芝居を国内と同じ方法で上演して、アメリカ人の理解を得ることが不可能であることを知悉していた。したがって演出の基本姿勢としては、ロサンゼルス公演と同様、出来るだけ台詞を少なくし、筋の単純化と身体表現に力点を置いて、芝居をわかりやすくする工夫を試みたわけである。またロサンゼルス公演の反省として、公演時間の一層の短縮化と演し物のレヴュー化を図った。そして演目に以下のような若干の変更を加えた。

すなわち二番目の演目、剣劇『影の力』では、ロサンゼルス公演の時と違って、茶屋の娘は忠治の恋人ではなく、許婚として「つゆ」という名がつき、忠治が父を殺した残忍な領主に仇討を果たす第三場にも、この茶屋の娘つゆが登場するように改められた。忠治は父の友人（影の力）の援助で領主に対して仇討するばかりでなく、領主の館に囚われていた許婚をも救出するわけである。それと共にこの第三場は、ロサンゼルス公演のように松井（代官）の館に領主が客人となっているという設定ではなく、領主の館での出来事に改められている。おそらく、このように父の仇討という主要な筋の展開に許婚救出をからめることによって、剣と愛と友情のドラマに仕立て上げ、より一層アメリカ人の嗜好に投じようとしたようだ。その他、三番目のフィナーレは、ロサンゼルス公演では文字通り『春の祭り』だったが、ニューヨーク公演は『祭り』として、四季折々の踊りを出すことにした。

さて筒井一座の芝居に対する批評の中で、ニューヨーク批評界の最も一般的な見解を代弁していると思われるのは、三月五日付の『ニューヨーク・タイムズ』(*The New York Times*, March 5, 1930)に掲載されたブルックス・アトキンソン(Brooks Atkinson)の記事「写実劇を演じる日本人役者」であろう。彼は日本から来た筒井一座の批評となれば、現在、同地で公演中の中国の梅蘭芳の芝居との比較は避けられないとして、次のように述べている。

京都から来たこれら日本人役者たちは、中国の梅蘭芳一座と違って、儀式的な表現が身に付いておらず、それが彼らをよりモダンにすると同時に、面白くなくしている。(……)中国の一座は古典劇を上演しているのに対して、日本人たちは比較的大衆的な演劇を我々に見せている。(……)筒井一座の役者たちは、我々が慣れ親しんでいるストレートな語り方で会話を運ぶ。(……)別の言い方をするならば、筒井の芝居と我々の芝居との相違点より類似点の方が目立っている。類似点においては、これら日本人たちは、我々の舞台が到達したところには達していないように見受ける。そして相違点においては、梅蘭芳を並はずれた俳優として見せている、あの様式的な優美さ、演技作法の澄みきった美しさを欠いている。

アトキンソンの見方は、梅蘭芳一座は中国の古典劇を洗練された様式で演じているので高く評価すべきであり、それに対して日本人たちは、アメリカ人の親しんできた写実劇に近い、モダンで大衆的な演し物を見せており、しかも質的にはアメリカのレベルに達していない故に興味を引かないというわけである。確かにこの評者の述べている、筒井一座の芝居に対する梅蘭芳劇の芸術的な優位性については全く異論の余地がないであろう。しかしニューヨークの観客が、そのずば抜けて高級であるとされる中国劇の内容と芸術性を、実際にどの程度正しく理解し、享受することができたのかという点になると、また別問題と言えそうなのである。

次に、三月七日付の『ウォール・ストリート・ジャーナル』(*The Wall Street Journal*, March 7, 1930) に載せたスターリング・ボウエン (Stirling Bowen) の批評を見てみたい。彼は演劇表現の根本的な相違のために、ドラマとしては『恋の夜桜』以外に見るべきものはないとしながら、「ほとんどの人はある種の明瞭な印象をもって劇場を後にすることだろう」とか「非常に珍しい、それなりに輝いている何かを目に、そして耳にすることができたであろう」と述べている。例えば剣劇『影の力』の殺陣の場面であるが、刀で切られた侍が、高さ七、八フィー

筒井一座ニューヨーク公演のニュース映画『影の力』(フォックス社製、サウス・カロライナ大学 Newsfilm Library蔵)

トもある二階の手摺から舞台床に落ちて背中や肩を強打するが、再び立ち上がって戦い続ける様を見て、アメリカの平均的な役者ならば即病院行きだろうと驚き、この曲芸的で身体演技の際立った殺陣と日本の版画との関係を、次のように指摘している。

繰り返されるこれらの戦いにおいて重要なのは、役者たちのとるポーズであり、刀を構図の基本的な部分として構えるその角度である。これらの集団的構図とさらに迫力のある日本版画との類似性は、しばしば論評されたところである。

筒井一座のニューヨーク公演に関して、おそらく内容に即して最も詳細で、公平な、ある意味で好意的とも思える批評を行っているのが、三月五日付の『ニューヨーク・イブニング・ポスト』(*New York Evening Post*, March 5, 1930) に載せたジョン・メーソン・ブラウン (John Mason Brown) の記事である。この評者はまず筒井たちのことを、伝統的な歌舞伎と袂を分かった「日本演劇の改革者」、「剣劇を支持する近代演劇推進者」であり、自らの演劇を「時代の精神」や「観客の要望」にマッチさせようと努力していると紹介する。また彼らが自らの芝居について語る用語は、梅蘭芳の儀礼的な演劇の場合に比べて、「われわれ西洋人の理解できるものにはるかに近い」と述べ、その理由として、彼らがアメリカの「ずっと素朴なタイプのメロドラマチックな大衆娯楽」に登場する人物と全く同じ意味でリアリストであることを挙げている。この評者が特に詳細に論評しているのが、剣さばきの美学を繰り広げる剣劇についてである。

これらの剣劇は観客を平凡な日常生活から引き離すよう意図されている。彼らの劇は夢が叶う空想の世界であるか、勇敢な行為や崇高な出来事の世界かのいずれかである。（……）しかしこれこそ、その驚くべき剣の衝突に特別な美並びに特有の魅力を与えているのだが、それはそのきわめてスリリングな闘争の中にも見られる厳格な形式主義に支配された世界なのだ。（……）日本の役者たちが最も意欲的な仕事をしているのは、『影の力』の活力溢れる三場面であり、どこか『忠義な人々』を思わせるものがある。一座の演技上の、及びアクロバチックな能力が十分に発揮されるのがこのメロドラマであり、興味深いことに映画を彷彿させる。確かにこれらの役者たち（特に千草桃代、三桝清、筒井徳二郎）の名誉になることだが、彼らは外国語で演じながら、恋人を誘拐された百姓の若者が、最後にその悪い領主を殺して敵を討つという安っぽい話にも、抗いがたいサスペンスを添えている。

筒井一座のニューヨーク公演の演目の中で一番目の『恋の夜桜』については、どの評者も簡単に内容に触れている程度であり、三番目の『祭り』に至ってはほとんど言及していない。その中で、ブラウンだけは、『恋の夜桜』についても若干の説明を加えている。すなわち、この演し物は叙情的な舞踊劇であり、舞台裏のオーケストラ、すなわち下座音楽を伴っていたという。さらに、華やかな吉原の場面で決闘があった後、後半は「山田好良が彫物師の母を演じる感動的なリアリズムと、彫物師の森肇が、命を得た彼の意中の人の人形である千草桃代と、巧みで滑稽な舞踊を踊る場面のファンタジーとを結び付けている」と指摘する。森肇はもと歌舞伎の出身であり、彼の踊りは欧州公演でも常に称賛を浴びたし、山田好良も芸達者で、関西のベテラン新派役者であっただけに、この評者の眼識は確かであったと言わねばならない。ただしその彼も、「配役の中に女形は含まれていない」と述べているように、山田が女形として彫物師の母を演じていたことに気付いていない。一座には女優が多くいたためだろうが、ニューヨークの批評家の誰もがこのことに気付かなかった。(3)

このブラウンという人が他の評者たちと決定的に違うのは、筒井一座のアメリカ的でメロドラマチックな芝居を積極的に歓迎し、これに非常な親しみを覚えたところである。少し好意的にすぎるきらいはあるものの、ニューヨークの多くの批評家が、同時期に絶大な人気を誇っていた梅蘭芳の中国劇の評判に影響されて、筒井たちの芝居を頭から低く見がちであったのに対して、この評者はそのような先入観にとらわれず、彼らの芝居を自分の目で確かめ、批評家の良心に従って、評価しようとしているように見えるのだ。彼はユニークな面白い芝居を提供している筒井一座を、勇気をもって次のように弁護する。

要するに、これら日本人役者たちは不幸にも、ニューヨークで時を経ずして梅蘭芳の後にやって来たけれども、彼らを無視するというのは愚かなことだ。マンハッタンにはこれら外国劇団の両方を同時に受け入れるだけの場所は十分にあるはずだ。なぜなら、いずれの劇団も、独自の方法で稀有の目新しさを提供していることは確かだからである。そしてそれ以上に確かなことは、いずれも東洋から来たということを除けば、互いに共通点がないということである。

以上のように、筒井徳二郎一座はニューヨークのブロードウェイに勢いよく乗り込み、伊藤道郎の指導の下に、アメリカ人の嗜好に合うように脚色・演出した日本の芝居（歌舞伎・剣劇・舞踊）を上演して、何とか一定の評価を得ることができた。だが経済恐慌の最中で不況の嵐が吹き荒れていた所為もあり、特に不運にもニューヨークを訪問中の中国の名優・梅蘭芳一座と公演時期が重なったことが大きく響く。恐慌と梅蘭芳の狭間で、興行的にはついに失敗に帰してしまった。三月四日に始まったブース劇場での公演は、四週間の予定が二週間で打ち止めとなり、他の小屋を探さざるを得なくなる。

最後に別の視点から一考を加えておきたい。映画評論家の佐藤忠男が、大正末期の日本の時代劇はアメリカのアクション映画、特にダグラス・フェアバンクス主演の『奇傑ゾロ』(一九二一)等の影響の下に成立したのではないかと推測している(『君は時代劇映画を見たか』じゃこめてい出版、一九七七)。これが事実だとすれば、筒井一座の剣劇『影の力』において、弱い百姓が悪どい領主に酷い仕打ちを受けている時、覆面黒装束の人物が忽然と現れて、大立ち回りを演じて窮地を救うなどは、アメリカ映画から何らかの影響を受けているのではと考えたくなる。それを筒井一座がアメリカに持って行ったのであるから、ひょっとして文化の往還現象が跡付けられるかもしれない。いずれにせよ、アメリカの一般大衆の中には、日本の一座の剣劇とその痛快でアクロバチックな殺陣に自国のアクション映画と同質のものを見出し、どことなく親しみを覚えた人もいたに違いない。

ロサンゼルスでもそうだったが、ニューヨーク公演においてもアメリカ人の見方は基本的に変わらなかった。筒井一座の芝居にせいぜい娯楽的な要素を見つけて満足するとか、あるいは、アクション劇やメロドラマとしては、自国の方が進んでいるという多少驕った意識で見物するとかいったようなものであった。このような自足的な受容の仕方には、筒井たちが後にヨーロッパ各地の公演で目の当たりにした、日本の異文化演劇から何かの刺激を受けて、自国の新しい演劇文化の創造に役立てようとするような姿勢は認めがたい。同じことは、高度な演技術と伝統様式を有し、多くの観客に感動を与えて大成功を収めた梅蘭芳一座の中国古典劇の受容においても言い得るのである。

注

(1) ベン・ソロウェイ(Ben Solowey, 1900-1978)はポーランド生まれの画家。ニューヨークに居住中、ブロードウェイやハリウッドの多くの俳優の肖像画を『ニューヨーク・タイムズ』紙や『ヘラルド・トリビューン』紙に描いた。筒井徳二郎の肖像画もその一つで、同時期、ブロードウェイで公演した梅蘭芳の肖像画と共に、ニューヨークのベン・ソロウェイ・コレクション(ベン・ソロウェイ・スタジオ)に収められている。

(2) アルノール・メッケルは一八九四年、ロシアのトビリシ生まれ。一九三八年、パリで死亡。特にアルゼンチン生まれのダンサー、アルヘンティーナの興行師として有名(*The New York Times*, June 28, 1938, Obituaries)。筒井一座欧州巡業をプロモートした三人の興行師の中の一人。

(3) 山田好良は関西新派の女形であり、娘・女房・侍女・芸妓等、何でもこなせた。筒井一座にはもう一人女形のできる役者、岩田英一がいて、欧州巡業では女形を務めた。

第六章　パリ――世界の檜舞台で成功

筒井徳二郎一座の二十余ヵ国巡業においてパリ公演は特別な意味を持つ。目当てのニューヨーク公演は不運な条件が重なって不振に終わったが、そのニューヨークでパリの興行師と出会って、欧州への足掛かりをつかみ、パリのピガール座（Théâtre Pigalle）に出演して成功を収めたことが、一座のその後の運命を決定づけたからである。パリではいくつもの幸運が待ち構えていた。パリ公演は一座にとって運命的なものであったと共に、パリの市民及び演劇界にとっても大きな出来事であった。川上音二郎・貞奴が一九〇〇年のパリ万博に登場して脚光を浴びて以来、またその後、花子一座が話題となってからも、久しく時が過ぎていた。特に一九二八年の二世市川左團次の訪ソ公演後、欧州では歌舞伎の来訪が待ち望まれたが、実現には至らなかった。そこへ筒井徳二郎一座が登場したわけであるから、パリの批評界と演劇界が色めき立ったのも当然だろう。後の章で扱うが、なかでもフランス現代演劇の創始者ジャック・コポーやシャルル・デュランが筒井カブキを見て啓発を受けた。またロシアの演出家フセヴォロド・メイエルホリドもパリで筒井一座を見て、影響を受けた可能性が高い。これらの前衛演出家たちが一座の芝居から刺激を受けているとすれば、演劇交流史に記憶されるべき事項である。

1　ドキュメント

筒井徳二郎は大西洋を横断中、アメリカ公演の反省を踏まえ、素描的な台本を書き下ろしたようだ。筒井一行がル・アーブルに上陸し、大西洋横断列車でパリのサン・ラザール駅に到着したのは、四月二十五日の夜だった。彼らはアメリカで使用した大道具・小道具・衣装等をすべてパリまで持ってきた。駅頭には日仏友好協会会長の松尾邦之助[1]、パリ画壇の寵児・藤田嗣治、フランス芸術交流発展協会会長のロベール・ブリュッセル等、多数の人が出迎えた。松尾は人を紹介したり、解説したりで、通訳に大わらわであった。一座をパリまで連れてきた興行師のアルノール・メッケルは、間もなく始まる公演について記者から質問攻めにあった。この興行師は現在のグルジア共和国のトビリシ出身で、パリで活躍して名を成し、舞踊家アルヘンティーナのアメリカ公演を手がけた人物である。筒井一座にとって、この腕利きの興行師との

パリ・ピガール座(パリ公演プログラムより)

ピガール座前で、藤田嗣治と握手する筒井と一行(*Le Monde Illustré*, 10 mai 1930)

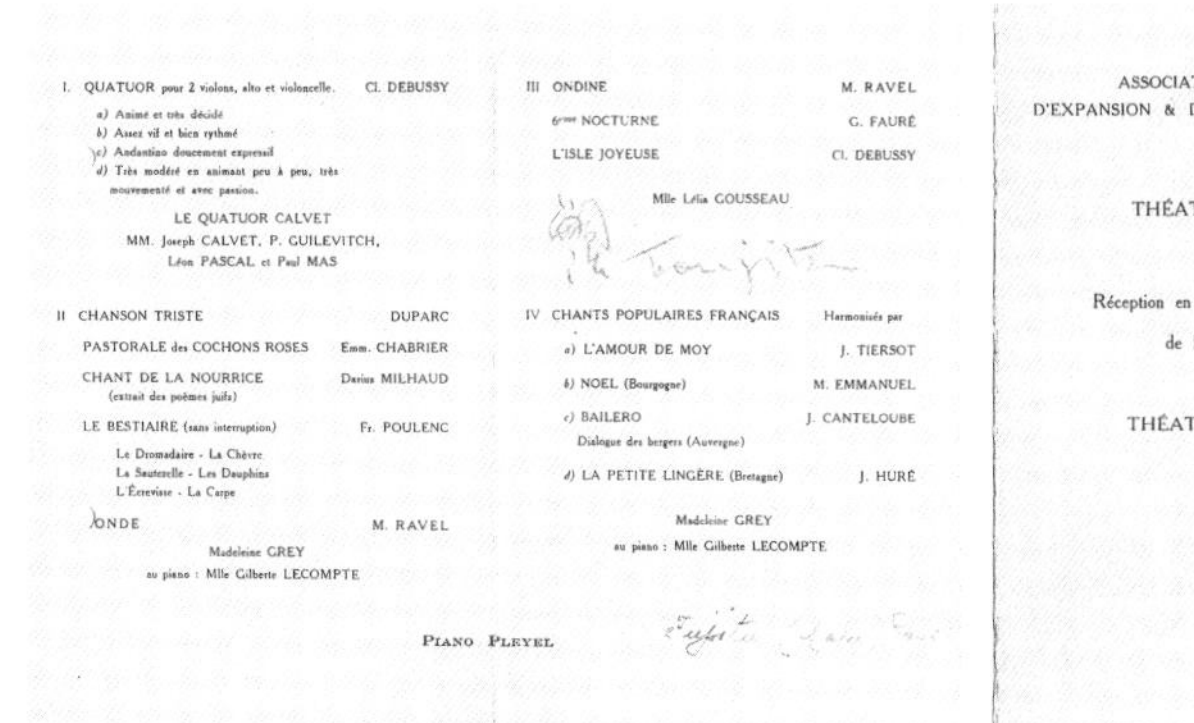

I. QUATUOR pour 2 violons, alto et violoncelle. — Cl. DEBUSSY

a) Animé et très décidé
b) Assez vif et bien rythmé
c) Andantino doucement expressif
d) Très modéré en animant peu à peu, très mouvementé et avec passion.

LE QUATUOR CALVET
MM. Joseph CALVET, P. GUILEVITCH,
Léon PASCAL et Paul MAS

II CHANSON TRISTE — DUPARC
PASTORALE des COCHONS ROSES — Emm. CHABRIER
CHANT DE LA NOURRICE (extrait des poèmes juifs) — Darius MILHAUD
LE BESTIAIRE (sans interruption) — Fr. POULENC
Le Dromadaire - La Chèvre
La Sauterelle - Les Dauphins
L'Écrevisse - La Carpe
ONDE — M. RAVEL

Madeleine GREY
au piano : Mlle Gilberte LECOMPTE

III ONDINE — M. RAVEL
6ème NOCTURNE — G. FAURÉ
L'ISLE JOYEUSE — Cl. DEBUSSY

Mlle Lélia GOUSSEAU

IV CHANTS POPULAIRES FRANÇAIS — Harmonisés par
a) L'AMOUR DE MOY — J. TIERSOT
b) NOEL (Bourgogne) — M. EMMANUEL
c) BAILERO — J. CANTELOUBE
Dialogue des bergers (Auvergne)
d) LA PETITE LINGÈRE (Bretagne) — J. HURÉ

Madeleine GREY
au piano : Mlle Gilberte LECOMPTE

PIANO PLEYEL

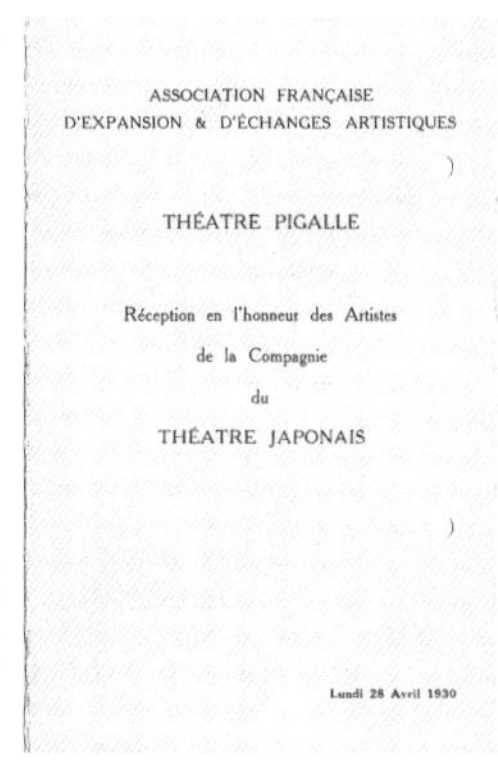

ASSOCIATION FRANÇAISE
D'EXPANSION & D'ÉCHANGES ARTISTIQUES

THÉATRE PIGALLE

Réception en l'honneur des Artistes
de la Compagnie
du
THÉATRE JAPONAIS

Lundi 28 Avril 1930

藤田嗣治のサインが記された、筒井一座歓迎レセプションの余興プログラム(筆者蔵)

出会いが、パリを始めとするヨーロッパ巡業の成功を方向づけることになる。

ところで、パリに登場した筒井一座は新聞では、ローマ字で日本語のままNihon-Geki- Kyôkai（日本劇協会）とか、フランス語でL' Association de Théâtre Japonaisの俳優一行と紹介された。この呼称はいかにも興行師の側で考え付きそうな誇大広告に見えるが、全くのハッタリというわけではない。というのも、一座をアメリカに呼び寄せて公演させたロサンゼルスの日米興行株式会社は、英語名でThe Japanese Theatre Association, Inc.と称し、一座は契約により、日米興行の所属劇団だったのであり、パリ公演もこの会社の興行として行われたからだ。確かに興行会社の社名でありながら、同時に日本を代表する演劇グループであるかのような印象を与えたことは、宣伝効果があったであろう。

四月二十八日、午後四時三十分、ピガール座地下において、日本劇団のために盛大な歓迎レセプションが開催された。何しろ文部美術省及び芸術交流発展協会が筒井一行を公式に招待して、演劇、文学、美術の各界名士が多数列席のもとに盛宴を張ったもので、大変な評判となった。これはひとえに三ヵ月前、渡米のサンフランシスコ航路で同船して親しくなった画家・藤田嗣治の尽力によるものだった。日本の俳優たちは最前列の席に座ったが、その第一印象、彩色鮮やかな絹の着物をまとった華奢な女優たち、黒い着物に大きな眼鏡をかけた威厳のある男優たちの姿は、列席の人々に非常に物珍しく映ったようである。

まず文部美術省の局長で芸術アカデミー会員、ポール・レオンが歓迎の挨拶を述べ、フランスは日本の芸術に負うところがあるとして、三十年前、パリっ子を熱狂させた川上貞奴に言及した。続いて芸術家協会副会長のジャン・トゥルーが協会を代表して、日本の劇団に対して挨拶を述べた後、ピガール座のオーナー、アンリ・ド・ロートシルト男爵が自らの劇場を日本の劇団に提供できる喜びを語った。筒井徳二郎は一座を代表して、歓迎会の主催者側に感謝の言葉を述べた。また日仏友好協会会長の松尾邦之助も挨拶に立った。これらのスピーチはすべて、必要に応じてフランス語か日本語に通訳された。この後、ドビュッシーやラヴェルの作品のコンサートが行われたが、歓迎会が終わると、その夜、筒井一行はオペラ・コミック座で歌劇『ホフマン物語』を鑑賞した模様である。このように筒井一座は歓迎レセプションにおいて、芸術使節並の待遇を受け、幸先の良いスタートを切ることができた。なお大富豪、ロートシルト男爵が日本劇団後援会の筆頭となったことも、公演を成功に導く要因になったことであろう。

翌二十九日、筒井はラジオ番組に出演、「パリで公演することに日本の一座がどれほど幸せを感じ、どれほど誇りに思っているか」と語った（*Comœdia*, 30 avril 1930）。彼の言葉はパリの人には小鳥のさえずりのように聞こえたというが、この時も松尾邦之助が巧みに通訳した。翌三十日と五月一日は、本公演に先立ち、ピガール座で舞台稽古が行われ、招待客に披露されたが、それが好評で前評判をあおった。それと共に、パリ到着以来、毎日のように各種新聞が一座のことをあれこれ書き立てたため、日本劇団への関心がいやがうえにも高まっていった。

いよいよ五月二日、ロートシルト男爵が巨費を投じて二年前に建設したばかりの、最新の近代設備を誇るヨーロッパ最大の劇場、ピガール座で筒井一座の公演が初日を明けた。公演プログラムの説明によると、この劇場は奥行二十メートル、高さ四十八メートル、横二十二メートルの舞台構造に、四台の昇降機に載った十三メートル×九メートルのステージが嵌め込まれていて、それぞれに舞台装置をセットしたまま、レバー一つの操作で、上下左右に自由に移動、入れ替えが可能で、これに二百二十八個の照明を多様に組み合わせることによって、古典劇から現代劇まであらゆるジャンルの作品を上演することができるのだという。筒井のエッセイ「漫談・欧米の旅」によれば、この劇場は大理石とガラスと電気照明をふんだんに用い、意

パリ・ピガール座公演プログラム（表紙・扉）（筆者蔵）

匠的に非常に優れていた上に、「二つの舞台を同時に飾つて巴型に入れ替えると云う仕掛け」があり、「この舞台は天井にも上れば地下室にも納まるのだから幕合(ママ)なんかてんで無くともよく、働きいゝ事も実に素的だ」と、舞台俳優のベテラン筒井もすっかり感心させられたようだ。

ピガール座の公演プログラムは大判で、掲載写真が多く、広告も含めて全三十六頁、筒井一座海外巡業中、最も豪華なものである。一座紹介の最初の頁に、五月二日から十五日までの「日本演劇の特別公演」は芸術交流発展協会の後援のもと、「日本劇協会」によって行われるとあり、レパートリーは「カブキ」（Répertoire Kabuki）で、「悲劇、喜劇、無言劇、舞踊」を上演すると書かれている。

これだけを見ると、いかにも日本を代表する歌舞伎一座による公演という印象を与える。別の頁には筒井を始めとする男女の幹部俳優十名、その他の俳優と下座音楽の十四名、さらにマネージャー、舞台監督、興行師等の五名に、一座全員の写真が掲載されている。

パリ公演の演目はニューヨークのブース劇場での公演内容に少し手を加え、新演目を追加したものだった。欧州巡業の主な演目はパリ公演で固まったと言ってよい。プログラムによれば、一番目は『恋の夜桜』(*Koi-No-Yozakura*, *"L' Amour au Temps des Cerisiers en Fleurs"*, *Drame Lyrique et Dansant*)、二番目は『京の人形』(*Kyô-No-Ningyô*, *"La Poupée"*, *Scène de Mimo-danse en 1 Acte*)、三番目は新演目『勧進帳』(*Kanjinchô*, *"Le Passage de la Frontière"*, *Drame Guerrier du Moyen Age Japonais*)、四番目は『影の力』(*Kage-No-Chikara*, *"La Providence Cachée"*, *Drame avec Combats au Sabre*) だった。なお、二の替りの演目として『幡随院長兵衛』(*Banzuin Chôbei*, *"Le Chevalier-Brigand"*, *Drame Guerrier en cinq Actes*) も用意されていたが、新聞の記事で見る限り、実際に上演されたかどうかは不明である。

演目の内容について概略を記す。一番目の『恋の夜桜』は歌舞伎の翻案物で、ニューヨーク公演の『恋の夜桜』の第一場「鞘当」を独立させたもの。彫物師の甚五郎は登場せず、一人の遊女をめぐっての不破伴左衛門と名古屋山三の喧嘩と、下女による仲裁に重点が置かれている。ニューヨーク公演にはなかったが、遊女を桶の水に映る月影に喩えて、遊女が美しいのは吉原

『影の力』の殺陣、右端の黒装束が日光円蔵の筒井、左から２人目が忠治の三桝清（パリ公演で撮影されたもの、筆者蔵）

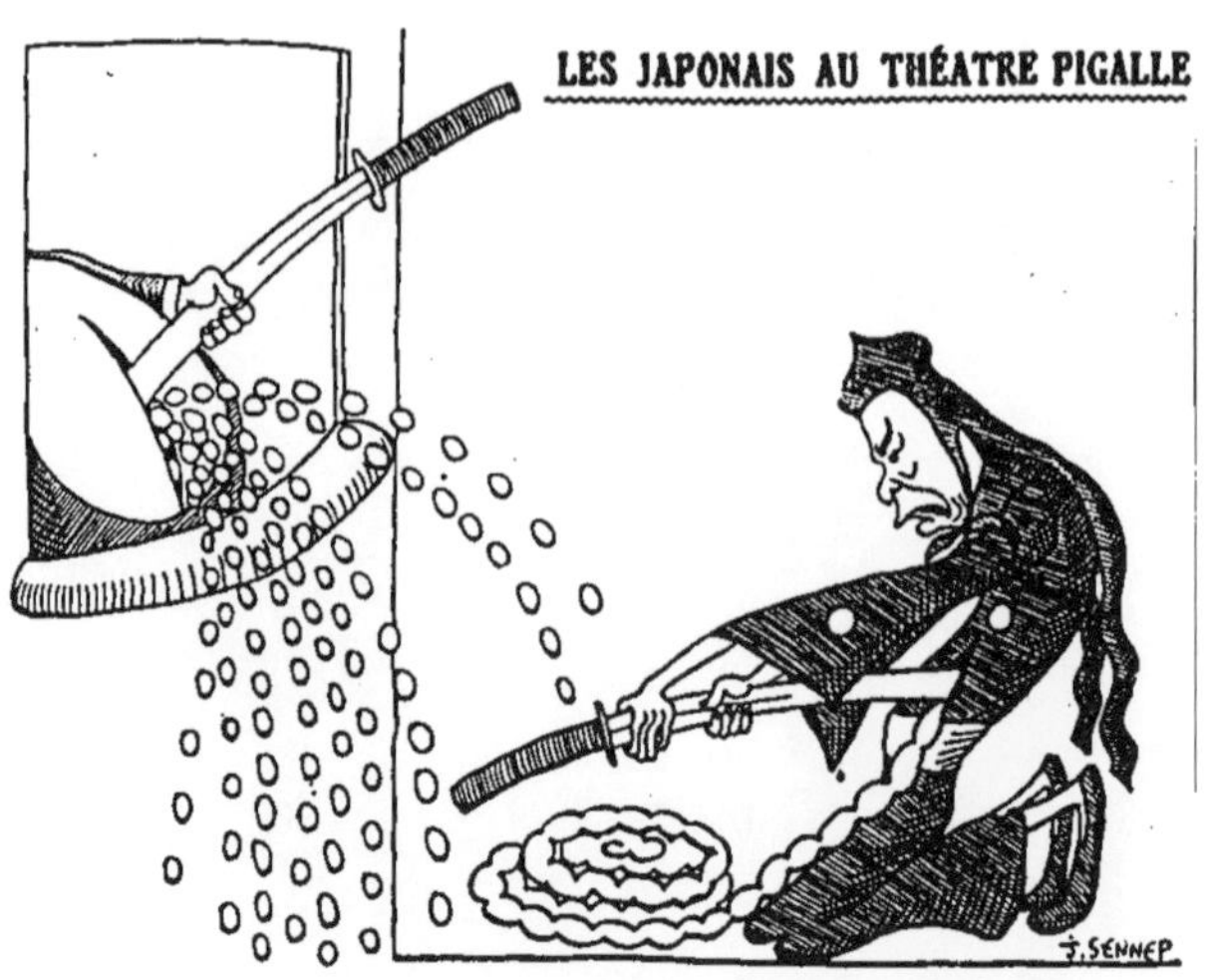

筒井と劇場オーナー、ロートシルトの切腹を描いた漫画（*L'Echo de Paris*, 9 Mai 1930より）

にいるからで、一人の男が独占するものではないと仲裁する。歌舞伎の『鞘当』にある「粋」と「通」と「野暮」の説明より、この筒井案出の喩え話の方が、はるかに知的かつ合理的で、西洋人には理解しやすかったのではないか。

二番目の『京の人形』は歌舞伎舞踊『京人形』の翻案。ニューヨーク公演の『恋の夜桜』の第二場「彫物師の仕事場」と第三場の所作事を独立させたもの。吉原の花魁見物との関連もなく、甚五郎の母も勘定取りも登場しない。第一場では、甚五郎が彫った女の人形の口に酒を含ませると、人形が彼の仕草をまねて踊り出す。しかし動きがぎくしゃくしているので、女の魂という鏡を胸元に入れると、本物の娘に変身、優美に踊る。第二場は、甚五郎の家の近くで、命を吹き込まれた人形が踊り、村娘たちがその艶やかさに感嘆する。

三番目の『勧進帳』はパリ公演から取り上げた演目。能の『安宅』と歌舞伎の『勧進帳』をつなぎ合わせたような作品。義経・弁慶一行が頼朝ではなく平家に追われているという前提、義経の奥方が登場し、稚児に変身しているところ、能の

グラビア雑誌の表紙を飾る、『勧進帳』富樫に扮した三桝清（*VU*, 7 mai 1930）

『安宅』のように、義経が山伏姿から強力に変装するところ等が、現行歌舞伎と異なる。しかし弁慶が金剛杖で主人義経を打って救おうとする行為を山場とし、外国人が見ることを配慮した単純明快な改作歌舞伎である。筒井は国内でも同題材の『落ち行く義経と弁慶』を度々上演していた。

四番目の剣劇『影の力』はニューヨーク公演と同じ内容だが、再度確認しておきたい。百姓の倅忠治は峠の茶屋娘つゆと言い交わすが、父卯左衛門が飢餓に苦しむ百姓を救うため領主に直訴して殺され、つゆも領主にさらわれる。忠治は復讐にはやるが、黒装束の影の人、日光円蔵（父の親友）が現われて、剣術が上達してから目的を果すように説き、父の形見の刀を手渡す。その後、剣士としても人間としても成長した忠治は、領主の館に乗り込み、影の人の助太刀で父の仇を討ち、許婚つゆも救出する。最後に影の人は仇討ちの責任を取って切腹する。

パリ公演は毎夜九時開演だった。新聞によると藤田嗣治が毎日、開演前に舞台に登場して、フランス語で親しく観客に語りかけ、一座の紹介を行った。また「優雅で、きわめて率直かつ頭脳明晰な」作家キク・ヤマタ女史(2)（Kikou Yanata）が、「一つ一つの芝居の幕が開く前に、それぞれの主題や神秘的で不思議な日本の魂について、明快なフランス語で」説明した（*Le Figaro*, 12 mai 1930）。パリで功成り名を遂げたこの日本人画家と日仏混血の作家の登場は、観客に好印象を与えたようで、彼らの協力が一座の宣伝に大いに役立ったことは疑いない。また演劇界の重鎮、ジャック・コポーやシャルル・デュラン等が筒井たちの芝居を見て深く感動し、口を揃えて絶賛した。以上のように幸運な条件が重なって、ピガール座は大入り満員となり、五月二日に始まったパリ公演は、三日間日延べして十八日まで打ち続けた。そのため欧州中から公演契約の申込みが殺到することになる。

このように大反響につき、第二回パリ公演が、同年八月十八日から九月八日までアポロ劇場（Théâtre Apollo）で行われた。すなわち、第一回公演の後、ベルギー、ノルウェー、スウェーデン、デンマーク、イギリス、スペインを経て、再びパリに舞い戻るわけである。

2　反響と評価

先立つロサンゼルス及びニューヨーク公演がさほどアメリカ人の関心を引かず、興行的にも失敗であったのに、筒井一座はなぜパリで別天地に来たかのように、大反響を呼ぶことができたのか。丁度この時期は、ピガール座でオーストリアのヨハン・シュトラウスのオペレッタ『こうもり』（ブルーノ・ヴァルター指揮）、日本の筒井一座のカブキ、そしてロシアのアレクサンドル・タイーロフのカーメルヌイ劇場の公演というように、立て続けに外国演劇を上演し、いわば「大国際演劇祭」の観を呈していた（*Neue Pariser Zeitung*, 3. Mai 1930）。筒井一座はこれら一流の外国劇団に伍して大きな反響を呼ぶことになった。それはフランス人の異文化に対する生来の好奇心（かつてこれがジャポニスムを生み出した）を刺激し、満足させることができたからではないかと思われる。

パリの諸新聞は大なり小なり、筒井一座がパリ市民に見せた芝居は、西洋演劇とは根本的に異なることを認めざるを得ないとしている。例えば劇評家リュシアン・デュベック（Lucien Bubech）は六月十二日付の『カンディード』（*Candide*, 12 juin 1930）において、「日本人の芸術は、われわれの文明と接触することなしに発展してきた文明の産物である。全てが異なる」と言い切る。しかし日本演劇の異質性を指摘するだけでなく、他方でこれほど異質な演劇が厳として存在すること自体魅力的なのだとしている。

それではパリの人々は、日本の芝居のどこに異質性を感じたのであろう。第一は、観客を魅了する舞台、衣装、演技等の視覚的側面と相反した、奇妙な舞台音楽や不快に響く日本語の台詞である。例えば五月八日付の『カンディード』（*Candide*, 8 juin 1930）は、最初の演し物『恋の夜桜』と『京の人形』について、次のように違和感を指摘する。

目は役者たちの衣装や、場面ごとに展開していく版画のような感嘆すべき光景にうっとりしながら、耳は恐ろしい騒音の襲撃を受ける。舞台袖で、絶えず聞こえてくる金槌のような音が単調な唄と重なり、われわれヨーロッパ人の耳に狂った調子で鳴り響くのだ。そして（……）耳障りな喉の音で満ちた日本語の響きは、月夜にさかりのついた雄猫の鳴き声を思い起こさせる。

一座としてはアメリカ公演以来、日本語の台詞を短く詰めて黙劇化を図ってきたが、それでもパリの観客には会話部分が耐えがたく、長く感じられたようだ。翻訳字幕やイヤホンガイドのない当時の海外公演では、言語の問題は如何ともしがたいものだった。

さらにパリの観客が異質で理解し難く感じたのは、名誉に対する異常なまでの情熱、自由意志による死あるいは犠牲的な切腹等、独特のテーマやモチーフだった。クロード・ドニ（Claude Denny）が五月七日付の『ル・ソワール』（*Le Soir*, 7 mai 1930）で、中世スペインの騎士世界、情熱（自然）と名誉の葛藤を描いたピエール・コルネイユの『ル・シッド』と比較しながら、剣劇『影の力』について述べている。

愛も主要な情熱ではない。主要な情熱は名誉であり、ここには日本独特の思想が見出せる。忠誠心が特異なのではない。そうではなく、自由意志による死が全ての反逆の罪をそそぐという考え方が独特なのである。

上記五月八日付の『カンディード』も『影の力』の最後の場面、友情による犠牲的切腹に疑問を投げかける。「友によって犯された殺人の罪を自ら被り、単なる友情だけで、その人の身代わりに切腹するような」忠実な友が果しているだろうかと。

その他、『勧進帳』では、主人の命を救うために家来が金剛杖で主人を打擲（ちょうちゃく）する行為は、西洋人には不可解に見えたようだ。弁慶が関所で義経を自分の家来と思わせるべく杖で打ち据え、敵の関守がそこまでする家来の忠義心と苦悩に感動して、義経一行と承知しながら関を通させる場面である。五月六日付『ル・ジュルナル』（*Le Journal*, 6 mai 1930）は、「このような英雄的行為は、……自分の主君を打つことがこの哀れな弁慶にはどれほど畏れ多いことであるかが理解できる日本人にしか称賛され得ないだろう」と述べている。

以上はパリの一部の批評家や観客にとって特に奇異で受け入れ難く感じられた要素であるが、それで筒井一座の芝居を拒絶したわけではない。むしろ強い衝撃を受けたがゆえに、異文化としての日本演劇について熟考する契機になったようである。

ところで筒井一座について、日本の伝統演劇（歌舞伎）を正統に伝える一流劇団であるかのような紹介が散見する。例えば五月十二日付の『フィガロ』である。

（……）私は日本演劇の素晴らしい一夜を過ごした。非常に美しく、驚くほどに表現力豊かな見事な役者、その芸と衣装は細心をきわめて守り抜かれた伝統から来るものであり、恋と栄光の物語、暴力と名誉のドラマが、一連の感動的で親しみある素朴なシーンを展開するのを見るという、貴く崇高な喜び、それがわれわれに与えられたのである。

なるほど一流の歌舞伎役者の公演であれば、これだけの称賛を受ける資格はあるだろうが、筒井一座の芝居がなぜと思いたくなる。しかし事実、評者はそれほどまでに深く感動させられているのだ。この旅回り一座にも日本の伝統演劇の優れた手法がある程度は伝えられていたと受け取るほかないだろう。

ではパリの人々はどこに日本の伝統演劇の特色を見出したのだろうか。彼らは筒井一座の芝居に西洋的なリアリズム劇ではなく、絵画的に様式化された舞台を見出しており、これは確かに日本の伝統演劇の特色の一つであろう。フランス人は十九世紀後半、日本の浮世絵の価値を発見し、独自の方法で自らの文化に摂取してきたジャポニスムの伝統があり、川上音二郎・貞奴の芝居も生きた浮世絵として鑑賞した。三十年後の筒井一座も同様の評価を受けたようで、五月五日付『ル・タン』（*Le Temps*, 5 mai 1930）は述べている。

一つ一つの身振り、姿勢、表情が様式的な効果を生み、舞台がピシッと固定されたように感じられる。それは一種の静止画の連続のようで、かの名高い歌麿や北斎の版画を見るかのようである。

同様の観点で、絵画とのジャンル比較を意識して、日本演劇の特色を指摘しているのが、六月十二日付『カンディード』の評者である。

（……）全体の輪郭だけとってみても、類似性は際立っている。同様の方法によって同様の感情が表現されているのである。非常に躍動的な動き、表現力に富んだ仕草、そして何よりも、表現するために取られている手法に類似性が見られる。つまり、日本の素描は線と輪郭ですべてを表わし、絵具の重ね塗りや色調にはよらないのだ。

日本の伝統演劇は浮世絵同様、人間の姿や動きを表現するのに描線で輪郭を描き、西洋画のように絵具をごてごて塗り立てたりしない。目指すところは、自然の写実的な模倣ではなく、「レアリスムの対極」、対象の「様式化」にあり、それはマイムの「変形」、「強調」、「単純化」、すなわちデフォルメによって達成されるというのである。そして身体表現を重視する点で、イタリアの伝統演劇、コメディア・デラルテに近いものがあるとする。

一方、筒井一座の芝居はあらゆる芸術的要素を総合する全体演劇だとする見方が多かった。これも日本の伝統演劇の重要な特色である。すでに川上一座の時に西洋人によって発見され、行き詰まったリアリズム演劇の突破口になるとされてきた。五月七日付の『ル・ソワール』の評者は剣劇『影の力』を見て、芸術的諸要素の美的調和に感嘆している。

わたしたちは『影の力』が、完全なる美のヴェールを舞いあげたのを目の当たりにした。言葉と、身振りと、衣装と、装飾と、音楽とのこれほど正確な調和は、決してヨーロッパでは見られない。規則的な一歩一歩は、もはや歩くことではなく、象徴的な舞踊となっている。刀での切り合いの場面の一挙手一投足は、サムライたちの魂の、美と絶望を表現している。

この批評を読むと、一九二八年、ロシアの映画監督、セルゲイ・エイゼンシュテインがモスクワで二世市川左團次一座の歌舞伎を見物して指摘した「一元論的アンサンブル」(「思いがけぬ接触」、『映画理論集成』フィルムアート社、一九八二年、五〇～六一頁)を想起させる。彼によれば、歌舞伎は「音響、動作、空間、声」等で構成されているが、それらは「相互に伴奏し合うのではなく」、「同じ重要さを持つ諸要素として扱われている」という。すなわち、それそれの芸術的要素が舞台において独立して自己を主張し、それらのモンタージュが特別な美と観念を生み出すというのである。彼はまた、あるアメリカの小説の登場人物が「聴覚神経と視覚神経を転換させられている」ために、「色を聞き、音を観る」という倒錯的な感覚を持つ例を挙げ、歌舞伎の鑑賞においても、観客はまさに「〝動きを聞き〟、そして〝音を観る〟」のだと主張する。

筒井一座の芝居でこのようなモンタージュによる共感覚的反応を引き起こしやすいところは、『影の力』の第一場で主人公、百姓の忠治が、無慈悲な領主に許婚を奪われ、さらに父を殺されるという悲惨な不幸に直面し、苦悩する場面であろう。五月十二日付『フィガロ』の評者ジェラール・ドゥヴィル（Gérard d' Houville）は、舞台の印象を次のように描写している。

忠治が絶望に暮れている間、無関心に鳴き続ける無数の鳥、その鳥の群がる木の下で父親の亡骸にすがりついて泣いている忠治の苦しみ、それを三桝清という優れた役者が、驚くべきリアリティーをもって表現する。

このシーンは三桝清の優れた身体的な演技力と相まって、欧米各地どこでも高い評価を受けたところである。ここでは鳥の鳴き声を表わす効果音ばかりでなく、舞台袖の下座から語りと三味線の音が響いていたはずである。

筒井一座の芝居が、このように芸術諸要素を総合する全体演劇と見なされたばかりではない。一座の役者たちは一人で歌い手、踊り手、音楽家、軽業師、マイム役者等、あらゆる部門をこなすオールラウンドな役者であると紹介されている（*Le Soir*, 25 avril 1930; *Comœdia*, 30 avril 1930）。これは言うまでもなく歌舞伎役者に求められる技能である。すでに述べたが、座長の筒井は元歌舞伎役者も舌を巻くほどの歌舞伎通で、かつどんな役も即座にやってのける芸達者な役者だった。歌舞伎役者の能力を評価していたロシアの前衛演出家、フセヴォロド・メイエルホリドは、「見世物小屋」（一九一二）という論文で、「衣裳をつけ、メーキャップをほどこして戯曲を朗読する」ことに堕した近代演劇を改革するために、西洋の昔のパントマイム役者、放浪コメディアン、アクロバット芸人、吟遊詩人等の職人芸を復活させるべきだと説いている（『メイエルホリド・ベストセレクション』作品社、二〇〇一、一〇一頁）。

ところで日仏混血の女性作家、キク・ヤマタは五月四日付の『フィガロ』（*Le Figaro*, 4 mai 1930）に寄せた記事「パリの日本人役者たち」において、ピガール座に出演している一座の芝居に故国日本の「最も特徴的な感性の表現」、すなわち力強いリズムを伴ったアクションによる身体、音、色彩の芸術が見出せると述べている。

フランスの観客はこのようなリズムを、三本の弦の「三味線」といわれる楽器の合奏や、アクションやパントマイムをコメントする語り手の明瞭な唄の中に見出すだろう。痛ましい、あるいは滑稽な振り付けで情感を表現する踊り手たちの姿勢の中にも、それが見出せるはずである。そして舞台装置や衣装の色彩によっても、その感動を味わうことになるだろう。それらもまたアクションの一部であり、いわばそれを際立たせるためにあるのである。

日本演劇の力強い表現の源はリズム（拍子）であり、三味線、アクション、パントマイム、唄、舞踊、それどころか舞台装置や衣装の色彩にまで見出せると言っており、これは日本の伝統演劇の特色以外の何物でもないだろう。三十年近く前、川上一座を見たドイツの前衛演出家、ゲオルク・フックスが、演劇の原点として、「空間における身体のリズミックな動き」を発見し、自身の演劇理論に取り入れたが（『未来の舞台』一九〇五、『劇場の革命』一九〇九）、それを思わせるものがある。日本の演劇文化に通じたキク・ヤマタは、この特色を見抜いていた。彼女は特に『勧進帳』に注意を促し、「日本の役者たちがその素晴らしい演技によって、単なるパントマイム役者になることなく、感情を極度に身体化し、役者、舞台装置、三味線、語り手すべてが一体となってそれを外在化させている」と指摘している。

日本の伝統演劇の最大の特徴は何と言っても身体演技であろう。エイゼンシュテインの洞察通り、それぞれ独立した芸術と見なせる音楽、衣装、装置等も、身体演技とモンタージュされて初めて生きる。筒井一座の場合、それがどんなに激しい身体の動きであっても、一定のリズム、秩序を伴っていたようだ。五月二日付の『コメディア』(*Comœdia*, 2 mai 1930)の評者は、秩序の中に躍動している身体演技を次のように描写している。

　刀による殺陣はすばらしく秩序立っている。叫ぶ、撃つ、飛ぶ、日本の役者たちは、真にアクロバチックな技巧を繰り広げる。戦いながら絶えず地面に転がり、打たれるとのたうつ、恐るべき剣士たちである。これほどのスペクタクルはないだろう。

われわれ日本人に不思議に思われるのは、古典歌舞伎とは比べられないほどリアルで激しい展開を見せたはずの剣劇ですら、西洋人の目には「秩序立って」、すなわち伝統演劇の様式に則っているように見えたことであり、しかも一座の演し物全体の評価に関して言えば、日本演劇の理解としてはそれほど大筋から逸れていないということである。

　さてここで批評家の言葉から、筒井一座の舞台についてのまとまった描写を拾ってみる。一つは五月十二日付『フィガロ』に載ったジェラール・ドゥヴィルの批評であるが、フランス人の目に映った美しい日本の舞台イメージとして、引用する価値があると思われる。まず『恋の夜桜』に登場する、豪華絢爛な衣装に身を包んだ花魁たちについて「蝶々であると同時に菖蒲であり、黄金虫であると同時に薔薇である」と形容し、いわばその人間的能力を超えた舞台的造形を称えている。さらに一人の遊女を巡って決闘しようとする二人の武士に、留め女が仲裁に入り、水桶に映る月の比喩から、男たちの理想像、廓におけるイリュージョンとしての遊女の存在を悟らせる趣向は、「繊細で精緻な民族」の創作物にほかならず、「優美さと知恵に溢れている」としている。次に名作歌舞伎を翻案した『勧進帳』では、家来の弁慶が主君の義経を金剛杖で打ち、関守がすべてを理解して通行を許可する、義経主従の関所越えについて適切な解釈を行い、見所に言及する。

何とも見事ではないか。そして弁慶を演じる筒井徳二郎が、愛と恐れを秘めて主人を打つこの役者の驚くべき表現力、身振り、品格。

この批評家が「今晩の最も美しいドラマであると同時に最も重要な作品」と呼んでいるのが『影の力』である。これは既述の通り、残忍な領主に庄屋の父を殺され、許婚も奪われた息子の忠治が、父の友、武士の日光円蔵の助太刀で仇討ちを果す、愛と忠義と剣のドラマである。その舞台的形象の一つ一つに、丁寧に、ユニークな洞察を提示している。すでに引用したように、忠治の苦悩場面が非常に印象深く描写されており、人間の内面を芸術的諸要素とモンタージュして、視聴覚的に形象化するこの場面も、重要な見せ場の一つとしている。また人物造形についても穿った解釈を施し、「影の力」＝「隠された摂理」（副題）として、全身黒装束で身を包んだ日光円蔵は、「何とも美しく、気品に満ち、そして暗い透明感がある。鞘に収められた生きた刀のようだ」と詩的に表現する。そしてこの芝居の呼び物、大立ち回りについて、真正面から特色を指摘する。

跳躍あり叫びあり、計算された野蛮さの「柔術」あり——役者たちは全身で演じており、彼らの存在すべてがもはや表現以外の何物でもない——洗練されていると同時に残忍でもある。

さらに最後に円蔵が再登場して、窮地の忠治と許婚を救い、仇討ちを手助けして、自ら責を負い、切腹して果てるクライマックスについて、「気高さ、荘厳さ、美に満ちた残酷さ、恐ろしくも素晴らしい場面である。輝くばかりに美しい円蔵役の筒井徳二郎に喝采が向けられた」と、その出来栄えを称えている。おそらく筒井一座の舞台をこれほど美しく、文学的に描写した批評はほかにないであろう。

いま一つ筒井一座の演技力について、非常に力を込めて書いている批評がある。作家のモーリス・ロスタン（Maurice Rostand）が五月四日付『ル・ソワール』（*Le Soir*, 4 mai 1930）に載せた記事である。子供の頃、一九〇〇年のパリ万博で死にゆく貞奴の演技を見て感動した時の記憶が残っていて、この度の筒井一座の芝居に臨み、最初の演し物『恋の夜桜』で「軽い失望を感じた」ようだ。次の『京の人形』でも観客は「魅惑されたが」、「身構えた」ままだった。それが休憩を挟んで忠臣劇『勧進帳』で舞台に惹き付けられ始め、ついに最後の『影の力』に至って、「完全に熱狂した」というのだ。この作家は貞奴を見て体験した日本人の様式的かつリアルな演技を、三十年ぶりに目の当たりにし、その感激を綴っている。

卯左衛門役は山田好良が演じた。その並外れた、目を疑うほどの、あれほどに様式化された、リアルな死に様は、同時にこの上なく高度な詩情を湛え、これ以上なく悲痛なリアリティーを湛えるものだ。山田好良の名を、われわれはもう忘れないだろう。そしてかくも素晴らしい円蔵役の筒井徳二郎、人間的で感動的で情熱的で多彩な千草桃代。何といっても日本版ハムレット役を演じた三桝清、自分の父の死を知った時の彼の顔。彼が動かぬ手を見つめる間、小鳥のさえずりが聞こえ、あらゆる彼の苦しみ、次いで復讐への欲求、そしてその復讐が余さず表現され、その結果、役者の力によって、メロドラマは最も高度な心理劇へと昇華されるのだ。

このように貞奴的な演技の再来を確と見届けた評者は、日本人の芝居を「素晴らしい模範」として受け止め、「彼らの芸術は、美が欠如したレアリスムとも、真実が欠如したロマン主義とも違うものだ。この芸術を前にすると、私たちはごく日常目にするものとはいかに異なるものを見ているか、熟考に値する」と示唆的な見解を述べる。そしてこれら日本人に匹敵する俳優として、生涯努力の人であった名優サラ・ベルナールに注意を促しながら、当時のフランス人役者の怠惰を厳しく叱責しようとしている。

3　日本人の反応

ところで、演出家のシャルル・デュランの筒井礼讃については、新劇人岩田豊雄（獅子文六）が後にエッセイ「輸出歌舞伎」に書き残している（『岩田豊雄演劇評論集』新潮社、一九六三年、二九五〜六頁）。五年振りにパリを再訪した岩田は、現地在住の日本人たちから筒井一座の成功の噂を聞きつけ、アトリエ座の楽屋を訪ねると、デュランに向って「あんなものは、カブキでもなんでもない」と食って掛かった。それに対してデュランは、ワセリンで顔の化粧

を落としながら、

或は、そうかも知れん。しかし、ぼくらは筒井の舞台によって、類例のない大きな啓示を受けた。それが真のカブキであろうが、なかろうが、ぼくの問題ではない。ぼくはただ、あの力強い、美しい演劇を礼讃すれば足りるのだ。

と主張して「一歩も譲る気色はなかった」とのことである。その勢いに、「筒井一座の方が、ほんとうの歌舞伎よりも、彼らにとっては魅力はありはしないか」と逆に疑いたくなり、「ほんとうの歌舞伎を連れてきたら、彼らは驚倒せん」とは断じて思えなかったという（同書）。岩田はパリの日本人たちから、筒井一座のことを「アメリカ在住邦人相手の劇団で、デタラメ極まるカブキを演じた」（『新劇と私』新潮社、一九五六年、一〇六頁）と聞かされていたが、自身は一座の芝居を直接見たわけではないし、(3) 筒井の素性についても全く承知していなかった。そのためか、岩田の反論は力なく、両者の議論が噛み合っていない。岩田はニセモノのカブキに敬服するデュランに腹を立てており、その「筒井カブキ」によって本物の歌舞伎が侮辱を受け、日本人として恥ずかしい思いをさせられたというところであろう。それに対してデュランは、一座の芝居がたとえ正統な歌舞伎でなかろうと、そこにも伝わっている日本の伝統演劇の特色を称え、これを謙虚に学ぼうとしているわけである。

岩田とパリの日本人たちは、一座の役者たちが本物の歌舞伎役者ではないという一事に拘った。しかし岩田も伝えている通り、「パリの劇評家の全部が筒井一座を激賞し」（『岩田豊雄演劇評論集』、二九六頁）、「パリの演劇人はすっかり感心してしまった」（『新劇と私』、一〇七頁）のである。これは矛盾でも何でもない。筒井たちは本物の歌舞伎役者ではないが、何といっても西日本で活躍していたプロの新派・剣劇役者だった（筒井は文字通り大向こうを唸らせる人気役者だった）。パリ公演の成功は、単に偶然や観客の無知・誤解に基づくものではなく、後述の通り、コポーの言う意味で、まさに俳優の「身体」を使って「舞台に立つ」能力、伎量によって勝ち取ったものである。また当時のフランス演劇界の関心や特別な状況がその条件を用意したとも言えよう。間もなく岩田もこのフランス側の事情に気付くようになるのであるが。

いま一人、作家の久生十蘭が当時パリに滞在していて、筒井一座を見物した時の記憶を二十数年後にエッセイ「歌舞伎教室」（『文藝春秋』一九五二年五月号）に書き記している。久生の言葉を使えば、一座は「不條理」極まりない芝居を演じたというのである。

なにをやつたかと聞かれても、まとまつた印象を述べることはできない。（……）早野勘平と国定忠治をつきまぜ、松王丸で仕上げをしたような分裂症状の立役が、わが子の首を前に据ゑて愁嘆してゐるうちに、舞台は突如として「先代萩」の御殿になつて、八汐が千松を刺し殺す。たちまちうしろが野遠見に変つて、国定忠治らしいのが手当りまかせに人を殺し、詩を吟じながら意味もなく腹を切ると、引抜きになつて、活惚の総踊りでフィナーレに追ひこむ。天神記が伊達騒動に変り、時代物かと思つて見てゐる間にいつか生世話がかつてきて、その間に斬切物の類型的人物がステッキを突いて出てくる。

〔新漢字以外、原文のまま＝引用者注〕

筆者はこれまで欧米各地、多数の公演記事を調べてきたが、筒井一座が久生の書いているような内容を上演したとは、どこにも記録されていない。何よりも、久生が見たと言っているパリ公演については、上掲資料の通りで、このように出鱈目な内容を上演したと証言している例は皆無である。一ヵ月後、一座はロンドン公演を開始しているが、それを見た歌人岡本かの子がある雑誌の座談会で「兎に角一生懸命で、外国人の前でゴマカして受けやうとするずるい所がちつともなくて一生懸命で大変正直なんです」と伝えている通りである（『新潮』一九三二年十二月一日号）。岡本の感想は、旅回り役者と言えど、それほど見下したものではないことを証明しているし、一座の芝居より、むしろ久生の書いた内容にこそ問題がありはしないか。

無名の役者が、こともあろう芸術の都パリで歌舞伎モドキを演じて大当りを取ったことをよほど苦々しく思い出したからか、彼の筆は走り過ぎて脱線した感がある。

今では筒井徳二郎のパリ公演のことはすっかり忘れ去られているが、かつて仏文学者の桑原武夫が「今日における歌舞伎」というエッセイの中で「ロシアは左團次から、フランスは筒井音次郎（ママ）や貞奴から歌舞伎の美点を学び、これを摂取した」と述べたように（『桑原武夫全集』第三巻、朝日新聞社、一九六八）、川上音二郎と筒井徳二郎の名が混同されるほど、筒井カブキは演劇のメッカ、パリで満都の人気を集めたのだった。

筒井一座はまず異文化に対するパリ市民の好奇心を刺激することに成功したようだ。日本人一座が見せた演劇文化の異質性ゆえに、パリの観客の目が覚まされ、異文化と向き合うことになった。実は筒井一座の海外巡業で、パリほど多様な反応を呼び起こしたところはない。異質な要素は不可解で奇異の念を起こさせたが、他方で、その生気に満ちた独自の舞台表現が彼らの関心を惹き付け、魅了したのである。

パリ市民がこの異文化の世界に心を開き、そこに見出した舞台芸術の特色とは何であったのか。それは①舞台面と役者の演技を組み合わせた、浮世絵版画的な表現、②言葉、身振り、美術、音楽等の芸術要素を総合する全体演劇及びトータルな俳優術、③リズムと様式を伴う、生気に満ちた身体演技だった。

これらの特色は、すでに三十年前に川上一座が西洋社会に紹介した日本の舞台表現と基本的に違いがあるわけではない。ただ川上一座の場合は、『袈裟』、『芸者と武士』等における音二郎の血腥い切腹や貞奴の死の舞踏のせいで、猟奇的なイメージが勝り、演劇としての理解や評価が十分とは言えなかった。それに対して筒井一座のパリ公演では、センセーショナルな内容の演目ではなく、『勧進帳』や『影の力』という、より人間性に訴えるドラマが上演されたわけであり、さらにそれまでに西洋に蓄積された経験知識により、日本演劇についての芸術的な理解が進み、深化したと言えよう。

このような筒井一座の舞台をパリの批評家たちは、興行師側の宣伝通り、日本の伝統演劇であると見なした。それは確かに誤解であった。しかし誤解であって誤解でないと言い得るのは、彼らが一座の剣劇と紛い物の歌舞伎を見ながらも、伝統演劇としての歌舞伎の特質をほとんど過たず指摘していたからである。西洋では演劇の危機が叫ばれて久しく、長年、演劇改革に取り組んできたが、いまだ成果が上がっていない状況だった。そこに筒井一座が日本演劇を携えて登場したわけである。パリの批評家や演劇人が西洋演劇の危機を救うための暗示や方向性を一座の芝居から汲み取ろうとしたとしても、不思議ではない。

注

（1）松尾邦之助（一八九九〜一九七五）は東京外国語大学卒業後、パリ大学高等社会学院に学び、当時から日仏文化交流のために尽力していた。一九三二年に読売新聞入社、パリ支局長を務める。一九五五年、フランス政府からレジオン・ドヌール・シュバリエ勲章、一九六四年には芸術文化勲章を授与される。

（2）キク・ヤマタはリヨンの総領事・山田忠澄とフランス人女性との間に生まれた。祖父は徳川将軍家の御目付役。リヨンで生まれて教育を受けたが、後、来日して東京の聖心女学院に学び、生け花の学校も卒業した。その後八年間、東京の新聞社で秘書として働く。

（3）筒井一座のパリ公演は一九三〇年五月二日〜十八日、八月十八日〜九月八日の二回。岩田が病気のフランス人妻の里帰りを兼ねて再渡仏したのは同年十一月になってから。

第七章　ロンドン――「国際演劇シーズン」を制す

筒井徳二郎一座の欧米二十二ヵ国、七十余ヵ所の巡業について、それだけ多数の土地を巡っても、同じ一座の、同じレパートリーの公演であれば、大体どこでも似たり寄ったりの反響だったのではないかと想像されるかもしれない。確かに観客の受け止め方は各地で共通点が多かったと言えるが、しかしある視点では、場所によってかなり反応の相違も見られた。土地、人、遭遇する出来事、演劇環境、その他様々な条件が異なると、観客の反応も、土地の評判も、ジャーナリズムの評価も違ってくるということであろうか。

筒井一座のロンドン公演は、グローブ座の「国際演劇シーズン」において、ヨーロッパの一流劇団、ドイツのモイッシ一座とフランスのピトエフ一座の後に、シーズン掉尾を飾る形で行われた。丁度、高松宮殿下妃殿下ご訪問期間中だったことも幸いして、大いにロンドン市民の関心を集め、三劇団のうちで最も大きな反響を呼ぶことができた。しかしながらパリやベルリンとは異なり、当地の人々は極東から訪れた日本人一座の芝居を、珍しい異文化として、あるいは教養・娯楽として享受したが、彼らには、日本の演劇文化は本質的に西洋演劇とは無縁のものと感じられたようで、そこから自国及び西洋演劇発展のための何か有益な刺激を汲み取ろうとするような姿勢は見られなかった。

1　ドキュメントと背景

筒井一座はパリ公演の後、五月末から六月中旬にかけ、リエージュ、アントワープ、ブリュッセル、オスロー、ストックホルムを巡り、コペンハーゲンでは六月十七日から十九日までダグマー劇場で公演を行った。二十日朝、コペンハーゲンを出発した一座は、同日、デンマークのユトランド半島西端のエスビエルクを出港し、翌二十一日にイギリスのハーウィッチ港に入港、同日中にロンドンに到着している。そしてウエストエンドはピカデリーサーカス近くのグローブ座（Globe Theatre、現在のギールグッド座）で、「国際演劇シーズン」（International Season）の終幕を飾るべく、ロンドン市民の前に登場することになった。一座と契約を結んだのは、イギリス興行界の大立者、チャールズ・B・コクラン（Charles B.

筒井一座の公演が行われたロンドン・グローブ座（現ギールグッド座）（1999年、筆者撮影）

Cochran）と名優、モーリス・ブラウン（Maurice Browne）であった。コクランは演劇、レヴューからサーカス、ボクシング、レスリングに至るまで、あらゆる興行を手がけ、自らを「ショーマン」と称した人物である。

ロンドン公演の初日は六月二十四日だった。毎夜八時三十分開演、火・木・土はマチネー（二時三十分開演）もあり、七月五日まで十二日間の公演が行われた。プログラムによると、グローブ座に掛った演し物は一番目『恋の夜桜』（*Love when the Cherry Trees are in Flower*）、二番目の舞踊三種『狐忠信』『面踊』『元禄花見踊』（*Fox Dance, Masques Dance, Folk Dance 17th Century*）、

GLOBE
THEATRE
CHARLES B. COCHRAN
AND
MAURICE BROWNE
HAVE THE HONOUR TO PRESENT
The Japanese Players
INCLUDING
TOKUJIRO TSUTSUI
IN THEIR COMPLETE REPERTOIRE

GLOBE
THEATRE
UNDER THE MANAGEMENT OF
MAURICE BROWNE LTD
CHARLES B. COCHRAN
AND
MAURICE BROWNE'S
INTERNATIONAL
SEASON
PROGRAMME

ロンドン・グローブ座公演プログラム（表紙・扉）（筆者蔵）

三番目『影の力』(*Hidden Providence, Drama with Sabre Duels*)、四番目『勧進帳』(*Crossing the Frontier, Warlike drama of the Middle Ages in Japan*) となっている。パリ公演以来の演目に、ロンドンで一部入れ替えがあった。すなわち左甚五郎を扱った舞踊劇『京の人形』が、上記の舞踊三種と差し替えられた。『勧進帳』がこれまでと違って、切狂言となっており、興行師側の注文があったのかもしれない。

一番目の『恋の夜桜』は大筋においてほぼパリ公演と同様の内容である。遊女を桶の水に喩える話もある。ただ、プログラムの配役のところに、現行の歌舞伎と同じ役名「留め女」が登場する。二番目の舞踊三種『狐忠信』『面踊』『元禄花見踊』は初めての演目で、一連のものとして上演された。プログラムに

『元禄花見踊』の上野一枝
（*The Illustrated London News*, June 28, 1930より）

詳細な内容が書かれていないので、新聞や雑誌記事を参考に記す。『狐忠信』は『義経千本桜』の「道行初音の旅」をもとに筒井が「フォックス・ダンス」として創作したもの。幕が開くと桜が満開の吉野山の風景が開ける。静御前が出てきた後、狐忠信がフォックス・ダンスを踊り、源平合戦を物語る。そこへ追手の逸見藤太が女の花四天（はなよてん）を連れて登場。藤太はひょっとことおかめの面を取り替えて滑稽な『面踊』を見せる。最後に、桜の杖を持った花四天が、元禄模様の小袖に赤襷で、忠信を囲んで『元禄花見踊』を艶やかに踊る。狐忠信を演じた筒井は、引き抜きによる衣装替えを行なったという。『影の力』と『勧進帳』の内容はこれまでの公演と変わらない。

筒井一座のロンドン公演については、大分以前から市民に予告されていた。『タイムズ』（*The Times*）には一座の公演に関するニュースが、時を追って伝えられている。まず五月五日付『タイムズ』の演劇欄に、「日本人一座の来訪」というタイトルの記事が出る。コクランとブラウンが五月二十六日からグローブ座で「国際演劇シーズン」を開始し、第一弾としてロンドン初登場のドイツのアレクサンダー・モイッシ一座の『ハムレット』、トルストイ『生ける屍』。第二弾としてフランスのジョルジュ・ピトエフ夫妻による公演が六月九日ないし十日から、そして第三弾が、現在パリのピガール座で公演中の筒井徳二郎率いる日本人一座が登場すると予告した。パリでは筒井一座の公演が五月二日に始まったばかりであるから、ロンドンの興行師は早々の決断をしたわけである。

続いて五月八日付『タイムズ』には、やはりモイッシ一座の『ハムレット』、『生ける屍』、ピトエフ一座の『聖女ジョウン』が予告され、筒井一座は六月二十四日から二週間公演の予定であると、初めて具体的な日程が告げられている。コクランがパリで一座の演目を全て見た上で、ロンドン市民の関心を引くものと見込みをつけ、四つの演目を選定したという。すなわち、春の江戸吉原を扱った舞踊付の『恋の夜桜』、日本の『ピグマリオン』である『京の人形』、日本の中世の武士道劇『勧進帳』、そして切狂言として孝行を主題とした『影の力』を公演の予定であると。

その後、大分間を置いて、六月十九日付『タイムズ』が「日本人一座の来訪」という記事で、「来週の最も興味深い公演」として、筒井一座のことを取り上げている。パリで評判を呼んだ日本人一座ということで、ロンドンでも話題性があったことがわかる。前回同様の演目の紹介をしているが、上記の通り、最終的には『京の人形』が演目から外され、舞踊三種に差し替えられることになる。

ところで筒井一座の海外巡業に参加した元座員・岡田須磨子が筆者に伝えたところによれば、ジュネーブでは、訪欧中の高松宮殿下妃殿下を奉迎する在留邦人のティーパーティーに筒井一座も加えてもらって、殿下御夫妻の御側でお菓子をご馳走になったという。しかしこのジュネーブというのは記憶違いで、ロンドンでのことであろう推測される。というのも筒井一座がジュネーブ公演を行ったのは、一九三〇年九月十二日～十八日であり、ロンドン公演は同年六月二十四日～七月五日の間に行われており、一方、高松宮殿下御夫妻は同年六月八日～十一日にジュネーブに滞在された後、ロンドンには六月二十六日に到着、七月十二日まで滞在されたからである。後述するが、歌人の岡本かの子が筒井一座の人々に会ったというのも、この記念のティーパーティーの席だったと思われる。

皇族と一介の旅回り役者を相並べるのは不適切かもしれないが、高松宮殿下御夫妻の世界一周ハネムーン（二十四ヵ国）（『高松宮同妃両殿下御外遊日誌』、一九三五及び平野久美子『高松宮同妃両殿下のグランド・ハネムーン』中央公論社、二〇〇四）と筒井徳二郎一座の欧米二十二ヵ国巡業は、偶々ほぼ同時期にほぼ同期間行われたのであり、国際親善という観点では、筒井一座もいくばくかの貢献をすることができたと言えよう。殿下御夫妻は一九三〇年四月二十一日に横浜をご出帆、インド洋回りでヨーロッパに向かい、各国各地を歴訪されて、アメリカ経由で翌年六月二十一日にご帰国、横浜に上陸されている。一方、筒井一座は一九三〇年一月十四日に横浜を出発、逆回りのサンフランシスコ航路で渡米した後、ヨーロッパ諸国を巡業し、インド洋を経て、翌年四月二十三日に帰国、神戸に入港している（座長の筒井だけはモスクワ、シベリア経由で帰国）。そしてこの二組の国際親善の旅は、偶然にもロンドンで交差したというわけである。このように高松宮殿下妃殿下が英京ロンドンにご滞在中に日本演劇の公演を行うことができ、かつ両殿下を奉迎する在留邦人パーティーに参加させてもらったことは、異国を旅する筒井一座の人々にとってどれほど光栄だったか知れない。

この年、高松宮殿下御夫妻のイギリス訪問以外に、日本と日本人に関してもう一つ大きな国際的出来事がロンドン市民の関心を呼んでいた。それは一月から四月にかけて行われたロンドン軍縮会議であった。この会議は一九二二年に締結されたワシントン軍縮会議の後を受けて、補助艦艇（巡洋艦・駆逐艦・潜水艦）の比率制限を協議するために開かれた。参加国は主催国イギリスを始め、アメリカ、日本、フランス、イタリアの五大海軍国だった。日本側は全権委任として元内閣総理大臣の若槻礼次郎（主席全権）、海軍大臣の財部彪、駐英特命全権大使の松平恒雄、駐白特命全権大使の永井松三が派遣されていた。この軍縮会議は難航を極めた末、日本側が対米比率六・九七割で妥協して条約調印に至ったが、これに対して日本国内では軍部の政府批判が高まっていった。このように軍縮を巡り日本がいわば背伸びをして西洋列強と対峙していた時期に、高松宮殿下御夫妻がイギリスを公式訪問され、筒井一座がロンドン公演を行っているわけである。一座の人々は軍縮の大任を果たした松平駐英大使から、彼らの芝居について称賛の言葉をもらっている（『羅府新報』一九三〇年六月二十七日）。

2　反響と評価

日本演劇と言えば、ロンドン市民には初めての出会いではなく、三十年前の川上音二郎・貞奴一座の反響を思い出した人が多かった。劇評を見ると、ポジティブな評価が大半を占めるが、ロンドンの人々は筒井徳二郎一座の芝居を目の当たりにして、依然、近代西洋演劇の伝統とは著しくかけ離れた、異質な文化を感じ取ったようである。例えば一九三〇年六月二十六日付の『ステージ』（*The Stage*, June 26, 1930）は、「日本の演技術は地球上で唯一無二」、西洋の演技との相違が大きすぎて比較不能、「東は東、西は西」という決まり文句を使わざるを得ないとしている。また七月二日付の『イアラ』（*The Era*, July 2, 1930）は、グローブ座の「国際演劇シーズン」に出演している劇団中、最も興味深いのは日本の一座で、「イギリスの観客に東洋の演技について学ぶ絶好の機会を与えてくれた」と記した上で、劇の展開はさほどではないが、

「重要なのは演技であり、それはヨーロッパで見られるいかなる演技とも異なる」と、特異性を強調している。

それではロンドンの人々は日本演劇に関して、西洋演劇との根本的な相違点をどこに見ているのであろう。批評家の多くは筒井一座の芝居を語るに当たり、劇評家フィリップ・カー（Philip Carr）が公演プログラムに書いた解説を参考にしているようだ。この劇評家はまず貞奴の時の例を挙げて、西洋人は日本語も、日本の演劇伝統も承知していないにもかかわらず、日本の芝居のすばらしさがわかるのだと述べた後、この度の日本一座の招待公演に再発見できる日本演劇のユニークさを次のように指摘する。

種々の表現形式に関して極端なリアリズムと極端な伝統主義の奇妙な結合が、この一座においても見出されることだろう。また日本では俳優は有能なマイム役者であるのはもとより、柔軟で頑強な体の軽業師であると共に、鍛錬を積んだ恐れを知らぬ剣術使いでなければならない事実も、明らかに証明されるだろう。さらに彼らは演技、歌、舞踊において身体動作を自在にできる用意がなくてはならないのだ。西洋では中世時代に一般的だった、このような役者として不可欠な能力は、現在ではサーカスやミュージック・ホールに残っているにすぎない。

すなわち、このような身体言語を基盤とした、サーカスやミュージック・ホールに残る単純でバイタリティーに溢れた演技が、修練を積んだ身体のポーズと共存しており、そこに「極端なリアリズムと極端な伝統主義の奇妙な結合」が見られるというのである。役者はあるときは「北斎や歌麿の彩色版画のような装飾的な構図」を取るかと思えば、あるときは感情むき出しの「動物的な獰猛さ」を発揮するが、それが（矛盾して見えるが）象牙細工のように芸術的に洗練されているという。脚本家のギルバート・ウェイクフィールド（Gilbert Wakefield）は六月二十八日付の『サタデイ・レヴュー』（*The Saturday Review*, June 28, 1930）で、『影の力』の殺陣について同様の特色を述べている。

この戦いは単にエキサイティングなだけでなく、著しく装飾的である。それはほとんどバレエと言ってよいが、しかしこれまでに見たどのバレエよりもずっと多くのリアリズムを伴っている。確かにリアリズムと装飾性のこのような奇妙な結合は、この日本の演技術の際立った特徴である。

評者は彩色版画を思わせる「装飾的構図」を指摘しているが、彼が受けた印象では、それが「動物的獰猛さ」と交互に現われるのではなく、一体となっていると主張する。七月五日付の

『ネイション』（*The Nation & Athenaem*, July 5, 1930）の評者も、一座の演技が「極端なリアリズム」と「極端な形式主義」の間を揺れ動いているとするが、同時に、日本人はリアリズムの演技に拘る必要がない、様式的演技が最も興味深かったと言っている。例えば花魁道中、刀による激しい殺陣、そして特に切腹場面で娘が瀕死の侍に花を手向けるところに伝統的な美を感じると評価し、「『源氏物語』を生み出した国民は、依然、西洋の醜悪な手本を忘れる時があるのだ」と。

第一にロンドン市民の目に映った筒井一座の特色は、以上の通りであるが、その根底にあるのが、際立って身体的、かつトータルな演技であることは明らかである。プログラムから引用したように、日本の役者は軽業師、剣術使い、俳優としての能力を備えた上に、歌も舞踊も巧みにこなさなくてはならない。批評家たちは一座の芝居を、西洋中世の芸能、さらに現在のサーカスやミュージック・ホールのパフォーマンスと同質と見なし、身体演技を中心に、色彩・舞踊・軽業・舞踊・音楽・言葉等、多様な芸術表象の組み合わせに基づいていると受け取ったようだ。例えばアクロバチックな殺陣、特別な身振り表情、カラフルな衣装、また演技中の鳥の鳴き声、絶え間ない下座音楽等に対して、上記『ステージ』の評者は「日本人たちは決して芝居というものを見失わない」と、一座のシアトリカリティーを指摘する。この辺りの演劇芸術としての評価は、パリ公演及びベルリン公演の場合と変わらない。

一座の芝居で「重要なのは演技である」とする『イアラ』の評者は、『影の力』に多くの言葉を費やしており、今までに見たことのないスリリングな殺陣を目の当たりにして、「演者たちは台詞を語る役者であるばかりでなく、驚くべき軽業師であり、最終場全体がエキサイティングでドラマチックである」と、やはり身体的で、トータルな演技を指摘している。批評家たちの中で筒井一座の特徴を最も鋭く、深く分析しているのが、七月五日付の『グラフィック』(*The Graphic*, July 5, 1930) に掲載されたハーバート・ファージョン (Herbert Farjeon) の劇評である。彼は一座の鮮やかな身体演技に言及し、その意味するところが明快であると述べている。

> 彼らの演技は仮面と同様に輪郭がはっきりしており、明確な形を持っている。(……)これら日本の役者たちの演技は理解しやすい。なぜなら、われわれは彼らの言語が皆目わからないけれど、彼らの演技は目が覚めるほど身体的で、何一つ躊躇するところなく、何一つ成り行きにまかせるところがないからだ。

同様に演技のわかりやすさを指摘しているのが、六月二十六日付の『マンチェスター・ガーディアン』(*The Manchester Guardian*, June 26, 1930) の批評であり、筒井一座の芝居の「筋は

『影の力』の激しい殺陣（*The Sketch*, July 2, 1930より）

非常に単純、演技も非常にわかりやすいので、プログラムに書かれた解説に頼らずとも、劇の展開をいとも簡単に追うことができる」と言っている。評者は直接その言葉を使っていないが、身体演技のわかりやすさを指していることは明らかである。そして役者の演技と共に、舞台美術によって専ら視覚に訴える一座の芝居を「役者の芝居」と呼んで、舞台の特徴を摑もうとしている。ただし、舞台美術を評価しているのはこの評者だけで、ほとんどの批評家は、一座の西洋化された写実的な背景画や舞台装置は、日本的な芝居の内容にそぐわないと拒絶している。

それでは筒井一座の個々の演し物は批評家たちの目にどのように映ったのであろう。欧米巡業ではどこでもそうであったが、ロンドン公演の場合も、一座得意の演目、剣劇『影の力』が最も評

『勧進帳』で弁慶に扮する筒井、富樫に扮する三桝（*The Sketch*, July 2, 1930より）

判が良く、西洋化された問題の装置を除けば、ほとんどの批評家が称賛している。既述のリアリズムと様式主義の結合、多様な芸術表象と組み合わされたトータルな身体演技の多くは、この演目の中で展開されているので、その特色に関係してすでに取り上げた評言は省きたい。

　他紙の記事と比べて、比較的それぞれの演目をバランスよく、客観的に批評しているように見えるのが六月二十五日付の『タイムズ』（*The Times*, June 25, 1930）である。一番目の『恋の夜桜』は、「近代歌舞伎をしっかり代表するものではないと見え、あまり出来が良くない」とする一方で、花魁の衣装、侍の台詞術、舞台裏の下座音楽の伴奏は褒めている。次の舞踊三種の中では、特に森肇のマスク・ダンスを厳しい訓練の賜物と称賛する。三番目の剣劇『影の力』は日本の芝居と言うより、西洋のメロドラマを彷彿させると批判しながら、最終場の殺陣、「忠治（三桝清氏）、円蔵（筒井徳二郎氏）の出色の演技は、安っぽさと時々見受ける低俗さから救っている」と称えている。最後の『勧進帳』は、「優れた歌舞伎の中でも最も代表的なもの」とし、第二場を「ほとんど欠点がない」と褒め、弁慶役の筒井と、関守役の三桝を高く評価している。さらに筒井と三桝を中心として、他の俳優たちが「絵のように美しく、自然な背景」を演じていると、全体の優れたアンサンブルにも言及することを忘れていない。

『グラフィック』の評者は、一座の芝居の優れたところとして、『勧進帳』で弁慶が主人義経の命を救う知恵と英雄的な行為に言及する。すなわち主人に強力に扮してもらい、関守に怪しいと見破られるや、弁慶が主人を棒で打ち据えて愚鈍さを罰する風を見せることで、疑いを晴らそうとする。その忠義な心に動かされ、関守は弁慶一行に関所を通ることを許すわけである。イギリスというお国柄からきているのであろうか、評者はこの日本的な忠君劇の見所をしっかりと捉えている。

自分が打たれることを許して英雄的な行為をなすのが主人ではないということに注目すべきである。主人を打って英雄的な行為をなすのは家来なのだ。主人よりも家来の心の方がより強い打撃を受けるのである。神聖な忠君の精神についての日本人の観念をこれほど如実に物語る例がほかにあろうか。

一方、『マンチェスター・ガーディアン』の評者は、一座の演し物の中では特にメロドラマ『影の力』を取り上げ、「徹頭徹尾面白く、所々非常にエキサイティングである」と強調している。最終場、「ヒーローが敵と出会って繰り広げる剣の戦いは、決闘、熟練の軽業、お芝居が面白くミックスされている」と。そして日本演劇の夕べは、「この好演の見られた芝居」で終わるべきで、短編の『勧進帳』を最後に持ってきたのは「竜頭蛇尾」であったと言っている。つまり『グラフィック』の評者とは反対に、この忠君劇が理解できないロンドン市民もいたわけである。

以上のように見てくると、若干の批判は受けたものの、筒井一座のロンドン公演は全体として大きな成功を収めることができたと言ってよいだろう。『ネイション』の冒頭、コクランとブラウンがグローブ座に連れてきた日本人一座は、ロンドンで今シーズン最も素晴らしい演し物を演じたと評価している。ヨーロッパの著名劇団、モイッシー一座とピトエフ一座を差し置いて高い評価を受けたことになる。劇作家、劇評家、プロデューサーとしてロンドン演劇界の大物で、演劇というものを熟知していたハーバート・ファージョンは、『グラフィック』の中で一座の力量について次のように語っている。

彼らの提供しているものは、インテリ向きの日本演劇ではないけれども、非常に教養の高い劇通の好評を得ることができた。私自身、判断を下すデータを持ち合わせていないので、彼らが平均的な日本の劇団と比べて優れているのか、劣っているのか述べることはできない。しかし、彼らはウエストエンドの平均的な新興劇団よりも優れていると、躊躇なく言うことができる。

既述の通り、『マンチェスター・ガーディアン』の評者は全体として筒井一座の芝居を称賛しているのであるが、幕間に、ある日本の紳士にこの一座についての意見を求めたようだ。その日本人が答えて言うに、「とても面白いけど、一流ではないね。イギリス人がこの役者たちを見るのは結構なことだ。彼らはうまい役者だ。しかし――のように有名ではない」と。それに対して評者は「これらの役者が最高ではないというなら、最高の役者はどれだけ素晴らしいことでしょう」と応じたという。

なお、筒井徳二郎一座を「国際演劇シーズン」に招いたチャールズ・B・コクラン当人の見解が面白いので、引いておきたい(1)。「この日本人一座は少し前にパリで人気を博したので、ロンドンでも同様の評判を取ると思っていたが、大変失望させられた」というのである。なぜか。「彼らはその不思議な、迫力ある技芸で目の肥えた大勢の観客を惹き付けて、魅了し、モイッシとピトエフ両者の収益を合わせた以上の興行収入をもたらした。しかしそれでも、『国際演劇シーズン』の経済的損失を埋め合わせるにはほど遠いものだった」らしい。ロシアのニキータ・バリーエフ率いる蝙蝠座を初めて呼んで興行した時と同じように、筒井たちは「高級すぎて俗受けしなかった」と述べているのだ。もっと儲けられると思っていたのに、期待外れだったわけである。数ヵ月後、同演目でベルリンを始めとする欧州各地の公演を引き受けて、やはり成功をもたらした興行師、L・レオニドフが翌年、筒井と再度の欧州公演の契約を結んだ姿勢と何という違いであろう。

3　日本人の印象

ロンドンにおいても筒井一座の公演を見て、感想を残していた日本人がいた。それはロンドン留学中の英文学者の福原麟太郎であり、漫画家の夫・岡本一平とロンドン滞在中だった歌人の岡本かの子であり、もう一人は、横山大観と共にローマ日本美術展覧会に参加後、ロンドン訪問中だった画家の速水御舟である。

まず福原である。六月二十四日に一座の初日を見て、翌二十五日の日付入りの批評「ロンドン勧進帳」を東京朝日新聞社に送り、それが同社の新聞に掲載された（『東京朝日新聞』一九三〇年七月二十一日）。冒頭、「ツツキ・トクジロは『日本の人気役者である』」という触れ込みに対して、「それはそうに違いないが、モイシイやピトエフと並べられるのはツツキ氏の光栄である」と、筒井が過分な待遇を受けているように皮肉っぽく書いている。ともかく初日は大入り満員で、近辺には「ドレスの上に派手な紋付羽織を着込んだ」日本贔屓の老婦人が何人もいて、フランス語訳の日本詩歌集を持ち込んだ日本文学研究者や、かつて貞奴の舞台を見たという老紳士もいたようだ。またボックス席には松平恒雄駐英大使夫人の姿も見られたという。

批評の中には、四番目の演目『勧進帳』は「竜頭蛇尾」で、切に持ってくるべきではなかったという意見があったが、日本人の福原からすると、出来の良し悪しにかかわらず、この歌舞伎の傑作が気掛かりだったようで、最も詳細に述べている。福原が見た『勧進帳』は、「松原の場」と「安宅の松」（関所の場）の二場から成り、その他、現行歌舞伎と異なるところが多々あった。第一場「松原の場」ではまず三人の童女が落ち葉をかいているところへ、一人の山伏が現われて、子供たちから関の様子を聞いたようだ。奇妙にも静御前が寺小姓の姿で登場する。強力が別に一人いて、義経がその男と着物を取り替え、強力に扮するところ（物着）を見せるのは能の『安宅』に似ている。しかも弁慶は斥候に出るのであり、それを山伏たちが「オンアビラウンケン」と祈ったり、義経、静、山伏たちが先に行った後、弁慶が主君の後ろ姿を伏し拝み、「終には泣かぬ弁慶も」の唄がきたりする。現行の能や歌舞伎と順序、内容が余りに違い、ちぐはぐだったようだ。

"LOVE WHEN THE CHERRY TREES ARE IN FLOWER": A CHARMING SCENE FROM ONE OF THE PLAYS IN THE REPERTORY OF THE JAPANESE PLAYERS WHO ARE GIVING A SEASON AT THE GLOBE.

The Russian Ballet and its characteristics are familiar to us: now the national theatrical entertainment of the Japanese may be seen in London. On June 24, Mr. C. B. Cochran, in association with Mr. Maurice Browne, introduced to a London audience the Japanese company which has been acting in Paris (where they enjoyed a big success). A scene from "Love When the Cherry Trees are in Flower" is illustrated above, giving an idea of the magnificence of the costumes and the strange, almost hieratic quality of the acting.

『恋の夜桜』、右から筒井の不破、山田好良の留め女、山中實の名古屋（*The Illustrated London News*, June 28, 1930より）

第二場の関所の場もこの調子で、弁慶は関守の富樫の前で勧進帳など読まず、双方の遣り取りがいろいろあって、「虎の尾を踏み、毒蛇の口を遁れたる心地して」の唄の後で、幕を引くと、弁慶に扮する筒井が一人幕前に残り、「飛六法の形を、飛ばない六法の形にし、操り人形のようなことをして見せて」終ったようだ。以上のような奇妙な『勧進帳』に対して、福原は近くの観客たちの反応を伝え、私見は控えているが、食い足りない印象を受けた様子である。しかし日本人には出鱈目に見える芝居であっても、既述のように、忠君劇の精神がロンドン人の間でも伝わる人には伝わったところが面白い。筒井と一座を組んだことのある元歌舞伎役者が、彼のことを芝居の生き字引と証言したように、彼が本物の歌舞伎を知らないで「ロンドン勧進帳」を上演したわけでない。あくまでも西洋人に見せて、理解してもらうための「カブキ」を考案したのであろう。

その他、『恋の夜桜』、舞踊三種、『影の力』についての短評が載っている。『影の力』に関して「ミマス氏がとても素晴らしい」と、演技力を称賛している。気になるのは、歌舞伎『鞘当』の翻案『恋の夜桜』についての感想である。

> とに角、引幕が出来て、それが析の音と共に開くと、吉原仲の町夜桜の景である。そして下座の三味線、それらを聞いてゐると、ロンドンでも日本の芝居をしようと思へば出来るもんだといふ、なつかしい心持になる。そしてなぜ本当の歌舞伎役者がこないのだろうと思ふ。〔新漢字以外、原文のまま＝引用者注〕

これは筒井一座の芝居に対する、福原の数少ない褒め言葉である。それと共に、なぜ一流でない役者が来て、ロンドン市民に日本の芝居を見せざるを得ないのかという、本音の口惜しい気持が出ているようだ。後年、エッセイ集『芝居むかしばなし』（毎日新聞社、一九七四）の

「あとがき」に、グローブ座の「国際演劇シーズン」に出演した筒井一座の「新作勧進帳」を見た時、「日本はなぜ左團次を出さなかったのだというほどわれわれは力んだものであった」と記しているが、まさにその本音を言ったものであろう。最後に各紙の批評を紹介して、「要するに好評である」とし、『イーヴニング・スタンダード』紙の言葉を引用して結んでいる。

「彼ら日本俳優のほとんど信じ難き広さを持てる技芸は、我ら英国の退屈なる名優諸君と異なること驚嘆すべきものあり」、と書いてゐるのは、いつも紳士的にしか芝居をしないといつても良いイギリス人が、ツツヰ一座の激しい芝居を見て実際感じたところであるかもしれない。〔新漢字以外、原文のまま＝引用者注〕

福原は右記エッセイ集の「あとがき」で、同エッセイを連載してくれた雑誌『学鐙』の編集長、本庄桂輔が当時フランスに演劇留学中で、偶々、ピトエフ一座に加わってグローブ座の「国際演劇シーズン」に参加しており、それを知らずに、福原が同シーズンで筒井一座の芝居を見ていた奇遇に触れている（下記の通り、本庄自身はピトエフ一座の公演の後、ロンドンでは後続の筒井一座を見なかったようである）。一方、本庄の方は、自著『演劇の鬼』（白水社、一九五八）において、パリ最新の大劇場ピガール座でジュヴェ一座やロシアのタイーロフ一座等と共に成功を収めた日本の一座について、「かく世界の一流劇団に伍して、文字どおりの檜舞台に出演した筒井一座はたしかに幸運な劇団で、ピトエフ夫妻もパリで見たとき、しきりにカブキのワンダフルを私に語っていた。ロンドンの評判もまんざらではなかったようで、ほんものを見せたらと、歌舞伎のために残念に思ったのは、私ばかりではなかったろう」と、福原と同様の気持を述べている。

次に、筒井一座のロンドン公演の感想を漏らしているのが歌人の岡本かの子である。かの子は漫画家の夫・一平が朝日新聞社からロンドン軍縮会議取材を命じられたのを機に、一九二九年末、家族と共に欧州旅行に出発し、その後、画家志望の息子・太郎をパリに残したまま、ロンドンに滞在中、筒井一座の芝居を見る機会を得た。一九三二年に帰国したかの子は、雑誌社の座談会「外国から日本を見る」（『新潮』一九三二年十二月一日号掲載）に出席し、一座のロンドン公演の様子を語っている。話題が無名の旅回り一座、「剣劇王筒井一座」の評判に移り、ニューヨークでは京劇の名優・梅蘭芳と張り合って敗退したが、渡欧して好評を得たそうだというところで、かの子が発言している。

既述の通り、出席者の一人、岩田豊雄は後にエッセイの中で、筒井の演技に敬服するシャルル・デュランに「あんなものは、カブキでもなんでもない」と抗議したことを綴っているが、座談会でも岩田が筒井の素性を知らずに「アメリカで生まれたらしいね」と言ったことに対して、かの子は一座の人から直接聞いたのか、「大阪に生まれたのだそうでした」と訂正している。彼女が言うには、パリにいる息子の太郎から手紙が来て、ロンドンで公演中の筒井の芝居を見るよう勧められたらしい。そこでケンブリッジ大学の学生たちを誘って見物したところ、彼らは「形が非常に面白い」、特に忠治が、殺された父親を発見して悲嘆するところ、そして障子を破って敵を討つところに惹かれると言ったという。当時、筒井一座を蔑む同胞の多い中で、かの子の意見は非常にユニークで興味深い。

あれはロンドンではずゐぶん人気を取りましたね。あの人たちの芸術は、日本の標準から云つてはよくないでせうけれども、兎に角一生懸命で、外国人の前でゴマカして受けやうとするずるい所がちつともなくて一生懸命で大変正直なんです。高松宮様が来られました時の或る宴会で、その一座の人に会ひまして、どうですと聞かれましたので、私はあなた方が一生懸命に正直に演つてゐらつしやるのを大変嬉しく思ひます、といふと、私たちもその積りでやつて居りますと云つていましたけど。〔新漢字以外、原文のまま＝引用者注〕

これに対して岩田が「けれども、向ふのやつは、あれを歌舞伎だと思つて居るようですね」と言葉を差し挟む。一座のロンドン公演を実見したかの子は、イギリス人の視点も交えてその芝居自体を率直に評価しているのに対して、岩田は実は直接見ていないのだが、現地で聞いた日本人の噂と「紛い物のカブキ」という視点だけで、海外における一座の反響を頭から否定的に見ているわけである。筒井たちの芝居を「一生懸命で大変正直」と見るかの子の姿勢は、後述の通り、一座の楽屋まで覗いて研究したコポーの見方に通じるところがある。

さらにいま一人、日本画家の速水御舟がロンドンで筒井一座の芝居を実見していた(2)。御舟は一九三〇年一月、横山大観、大智勝観等と共に芸術使節として渡欧、ローマ日本美術展覧会（四月二十六日〜六月一日）の式典に出席した後、大観一行から離れて、欧州各地を研修旅行中、六月十四日よりロンドンに滞在していた。御舟は子供の頃から芝居好きの環境に育ち、かつ義兄・吉田幸三郎（妻の兄）がかつて坪内逍遥の文芸協会の第一期生で、舞台協会のメンバーだった関係で、演劇にも関心が深かったようだ。実際、滞欧中は美術鑑賞ばかりでなく、各地で積極的に芝居やオペラにも出かけて

速水御舟が持ち帰ったロンドン公演のチラシ（表・裏）（吉田春彦氏蔵）

いる。

御舟の滞欧日記（吉田春彦氏所蔵）の六月二十七日付のところには、「日本劇の切符求めに立寄り一段（ママ）〔たん＝引用者注〕ホテルに帰り入浴　のち八時過ぎ日本劇見物に行く　八時三十分開演十一時了る」と記されている。すなわち御舟は六月二十七日夜に行われた筒井一座の芝居を見ていることがわかる。一座の日本劇は日本を代表する画家の一人の目にどのように映ったのだろうか。六月二十九日、彼は妻の弥（いよ）へ宛ててロンドンでの消息を伝える長文の手紙（吉田春彦氏所蔵）を書いているが、その中で高松宮殿下妃殿下をヴィクトリア駅にお迎えし、ロンドン市民の間で両殿下が大評判だったことを知らせた後で、筒井一座の評判に触れている。

> 日本劇芝居が当ロンドン中心街ピカデリーサーカスのグローブ劇場に於て開演されております　日本に於てはとても第三流に至るかと思わるゝ一座ではありますが之亦評判です　先夜見物致しましたが、案外に衣装の美しいものを持って居る事　出し物に　さやあて　狐忠信　勧進帳等の作りかえ　剣劇　カゲノチカラ等にて一種不思議なものではありますが　人気に投ずる巧みさを以て大分盛況です。〔新漢字以外、原文のまま＝引用者注〕

高松宮殿下御夫妻御到着のニュースの後では少々勿体ないという気がするが、ロンドンにおける筒井一座の評判の大きさに、芝居好きだったという妻へ一座のことを知らせないではいられなかったのであろう。御舟の言葉から明らかなのは、日本では三流としか思われないような筒井一座であるが、それが評判を呼んでいたということ。また彼らが見せた歌舞伎の焼き直しや剣劇は彼地の人々には魅力的であっても、日本人から見ると「一種不思議なもの」であったということ。それでも「人気に投ずる巧みさを以て大分盛況」だったというのであるから、上述した通り、日本国内の旅興行で培われ、鍛えられた彼らのしたたかな芸の力が、やはり海外巡業でも十分発揮されたととるべきであろう。それにしても、「案外に衣装の美しいものを持って居る」という見方は、さすが画家らしい目の付けどころである。

筒井徳二郎はつい十日程前、ストックホルム公演の折、武者小路公共スウェーデン駐在公使から「英国人はお国自慢で仲々他国の芸術はほめないからそのつもりで確かりやれ」と激励されて（「世界演劇行脚」、『日刊ラヂオ新聞』一九三一年五月十九日）、ロンドン入りしたようだ。それが以上述べたように、グローブ座の「国際演劇シーズン」という企画、さらに高松宮殿下妃殿下のロンドンご訪問やロンドン軍縮会議による日本に対する関心の高まりなどが奏功して、十二日間にわたる筒井一座のロンドン公演は大きな成功を収めることができた。すなわち「国際演劇シーズン」において、ドイツ、フランス、日本の三劇団競演という形になったが、幸いにも筒井一座が最も大きな反響を得ることができた。そして既述のように、この同胞一座のロンドン公演の成功を現地滞在の邦人たちが目撃し、証言者としてそれぞれの感想を残していたわけである。

ロンドンの批評家たちが一座の日本演劇に発見した特色は、極端なリアリズムと様式性の結合、バイタリティーに富む身体演技を基礎とした多様な芸術表象の融合、そして明確な身体表現と筋の展開のわかりやすさであり、彼らはこの異文化演劇を西洋演劇とは異質なものとしながら、高く評価した。このように日本演劇の生気に満ちた身体的で様式的な演技に対しては称賛の言葉を惜しまなかった。

約三ヵ月後の十月上旬、一座のベルリン公演がロンドン公演と同じ演目で行われた。その折にベルリンのある批評家は、二十世紀初頭に川上音二郎一座や花子一座がヨーロッパに現われて以来、ドイツ人は日本演劇について多くを学び、ドイツ演劇も日本の演技術に近付いており、筒井一座の言わばサーカス的な演技を受け入れる土壌ができているというような主旨のことを述べている。また別の批評家は、日本人一座の芝居は自分たちに西洋演劇の欠点を教え、その進むべき未来の方向を示唆していると指摘した。

それに対して、ロンドンの批評家たちは、同じ一座の、同じ演目の演技を目の当たりにし、これを称賛しながらも、東西の演技術の余りにも大きな隔りに、この異文化との接触から自国及び西洋演劇の活性化や演劇改革への視点を導き出すことには思い至らなかったようである。ここに筒井一座の反響について、ロンドン公演の場合とパリ及びベルリン公演の場合との相違点が現われていると言うことができるであろう。

注

（1）Cf. Charles B. Cochran, *I had almost Forgotton...*, London: Hutchinson & Co. (Publishers), Ltd., 1931, pp.267f.

（2）速水御舟が筒井一座のロンドン公演を見ているということは、二〇一一年一月、歌舞伎研究家で明治大学教授の神山彰氏からご教示頂いた。二〇一〇年九〜十月、茅ヶ崎美術館において開催された速水御舟展で、御舟の手紙の中のこの記述を目に留められたとのことだった。同美術館の紹介で御舟の孫、美術評論家の吉田春彦氏に面会し、以下に引用する滞欧中の御舟の手紙や日記を拝見させて頂いた。

第八章　ベルリン――妨害を越えて反響

筒井徳二郎一座の第一回ベルリン公演は、欧州巡業第二期の幕開きに相当する。一座は渡米公演の後、一九三〇年四月末にパリに乗り込んで大成功を収めて以来、ベルギー、北欧諸国、ロンドン、バルセロナ、再びパリ、スイスを巡り、十月初めにはドイツの首都にやってきた。ここで一区切りできるというのは、それまではアルノール・メッケルという興行師が請負ったが、その後、第一回ベルリン公演以降、ドイツを中心とした中欧及びイタリアの各地、そして第二回ベルリン公演までは、L・レオニドフ（Dr. L. Leonidoff）のプロモートによって行われたからである。この人物は二年前の二世市川左團次訪ソ公演の折に、団長の城戸四郎を相手に欧州公演の交渉をした経緯があり、またオペラのシャリアピンや舞踊のアルヘンティーナのマネージャーとしても有名だった。その後一九五〇年代には、ニューヨーク・シティー・バレエやアズマ・カブキ（舞踊家・吾妻徳穂の一座）の欧州興行も手掛けている。このような大物興行師と出会ったことは、筒井徳二郎にとって幸運であった。

当時のベルリンは世界第一級の演劇人が集まっていて、非常に水準の高い演劇都市だったが、筒井一座はそのような厳しい鑑賞眼を持った多くの人々の前で高い評価を受けることになる。ベルリン公演は一座の海外公演の中で最も熱狂的な反響を得たと共に、一部知識人の激しい妨害にも遭遇した。以下は主に一九三〇年十月に行われた第一回ベルリン公演の反響について記述したい。

1　ドキュメント

筒井一座は第二回パリ公演の後、九月十二日から十八日までスイスのジュネーブで公演を行い、国際連盟加盟五十三ヵ国の代表者たちによる総見があった。このジュネーブ公演を、ノーベル文学賞を受賞したばかりのドイツの作家、トーマス・マンが見物して感銘を受けている。そして二十日はローザンヌ、二十二日、二十三日はチューリッヒ、二十六日はルツェルンで公演した後、十月一日、いよいよベルリンに到着、当時の中央駅、アンハルター駅に降り立った。駅頭では若手女優の千草桃代、岡田須磨子、赤木徳子等の艶やかな着物姿が「少なからず人目

筒井一座の公演が行われたベルリン・西部劇場(1999年、筆者撮影)

第1回ベルリン公演プログラム(筆者蔵)

を引いた」ようで、その時の写真が新聞紙面を飾った。また剣劇の激しい殺陣の場面や筒井徳二郎の顔写真も新聞に掲載され、人々の好奇心を煽ったようだ。しかし筒井一座の噂は、すでに五月のパリ公演以来、欧州各地から伝わっており、ベルリン市民にとって待ち遠しい来訪だったに違いない。

第一回ベルリン公演は十月三日、西部劇場

『恋の夜桜』鞘当場面（第1回ベルリン公演プログラムより）

（Theater des Westens）において初日を開けた。夜八時に開演し、俳優のルードルフ・アーメントが一座の紹介と、演目の解説をドイツ語で行った。プログラムによると、演目はロンドン公演と同じ『恋の夜桜』（*Liebe zur Kirschblütenzeit*）、『狐忠信』（*Fuchstanz*）等三曲の舞踊、『影の力』（*Die schlummernde Vorsehung*）、『勧進帳』（*Über die Grenze*）だった。

新聞によればこの日、ベルリン中のほとんどの劇場の支配人や主な演劇人が招待されていたという。欧州演劇界の大御所である演出家のマックス・ラインハルトを始めとして、映画監督のフリッッ・ラング、女優のエリーザベット・ベルグナー、俳優のアレクサンダー・グラナハ等、斯界の錚々たるメンバーが陣取って見物した。また後述の通り、政治演劇のエルヴィーン・ピスカートアや若き日のベルトルト・ブレヒトも筒井一座の芝居を見ていることが、当時の資料で明らかになっている。その結果、「今シーズン他に例がないほどの成功を収めたことが、そこに数多くいたベルリン演劇界の指導的な人々を考え込ませることになった」(*Germania*, 4. Oktober 1930) という。

初日早々これほどの評判を得た筒井一座であるが、後述のように、日本通の専門家からは、彼らは本物の俳優ではないとの非難の手紙が新聞社に届けられた。しかしこのような妨害に遭いながらも、十月三日から九日までの一週間、筒井一座の芝居は演劇人や文化人ばかりでなく、多数の一般市民にも深い感銘を与え、大成功を収める結果になった。その反響の大きさは、入手できている新聞記事の多さ（二十一種の新聞、約四十の関係記事）、主要新聞が割いているスペースの大きさが物語っている。日本の一座の来訪がベルリン市民にとっていかに文化的に大きな出来事であったかがうかがわれよう。

十月八日の夕刻、筒井一座のベルリン公演成功を祝って、ドイツ舞台クラブ、舞台組合主催の祝賀レセプションが開催された。副会長のヘルマン・ヴァーレンティーンは俳優たちに向かって、片言の日本語で愛嬌を振りまきながら祝賀の挨拶を述べ、座長の筒井が満足げにジェスチャーたっぷりに返礼の言葉を述べた。

筒井一座はその後、ハンブルク、ケルン、デュッセルドルフ、カッセル、ライプツィッヒ、ケムニッツ、プラハ、ブダペスト、ウィーン、ミュンヘン、アウクスブルク、シュッツトガルト、フランクフルト、ドレスデン、ハーグ等、ドイツを中心に中欧の諸都市を巡業した。そしてイタリアの各地を巡って、年明けの一九三一年一月初め、再びベルリンに舞い戻ってきた。ある座員の手紙には、一月七日、日本料理店「東洋館」において「日本気分にてゾーニや数の子、トソ酒で年を取りました」と書かれている[1]。

ドイツ舞台クラブ主催の祝賀レセプション（*Tempo*, 9.Oktober 1930より）

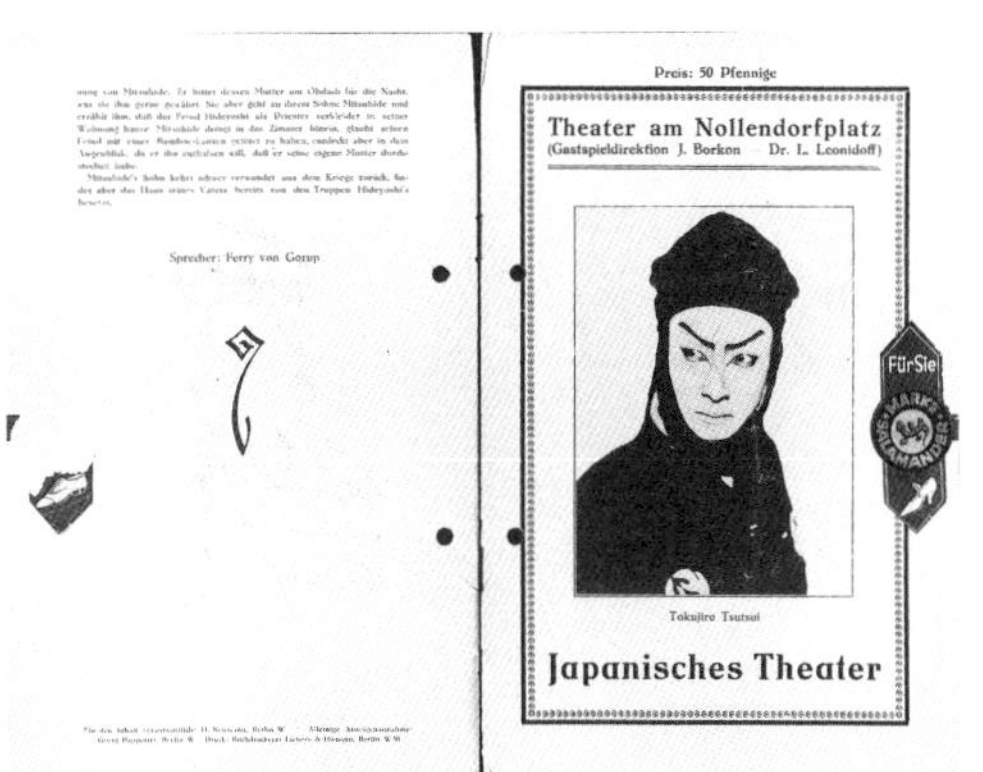

第2回ベルリン公演プログラム（ベルリン芸術アカデミー資料館蔵）

『春の踊り』の一つ『三番叟』、岡田須磨子（左）の千歳、千草桃代の三番叟（筆者蔵）

光秀に扮する筒井
(*Der Querschnitt*, Band 11/1, 1931より)

筒井一座の第二回ベルリン公演は一月八日から十五日までの八日間、今度はピスカートアのノレンドルフプラッツ劇場（Theater am Nollendorfplatz）において行われた。プログラムによれば、演目を一新し、『春の踊り』（*Japanische Tänze: Frühlingstanz*）、『武士道』（*Bushido*）、『光秀』（*Mitsuhide*）を舞台にかけた。今回はFerry von Gorupという俳優が舞台に立って演目の解説をした。この第二回公演は、第一回公演の反響に応えて実施されたに違いないが、新聞の批評によれば、芸術的にも興行的にも前回ほどの成果を上げることができなかった模様である。この公演中、一座に大きな不幸が起きた。若手スターで殿様等の主演俳優、菊地靖祐が肺炎のために客死したのである。この冬、ヨーロッパは記録的な寒波に襲われており、おそらく風をこじらせて不帰の客となったのだろう。三十年前の川上音二郎一座の海外巡業においても二人の犠牲者を出しているように、二十世紀前半までの海外巡業の過酷さを物語っていよう。

第二回ベルリン公演の後、筒井一座はケーニッヒスブルクへ向かい、バルト沿岸の諸都市を経て、東欧諸国を巡り、三月に帰国の途につく。ベルリン第二回公演までがL・レオニドフの請負いであり、それ以降の第三期の欧州巡業は次の興行師、ブルーニ・ドゥーデック（Bruni Dudeck）に交代する。

2 妨害と反論

一九二八年の市川左團次訪ソ公演の際、興行師のL・レオニドフが左團次の欧州公演の交渉を試みたが、うまく行かなかった。その後、ドイツでは中村鴈治郎や市村羽左衛門など、歌舞伎招聘の話が浮上した。一九三〇年に入り、いよいよ二代目市川猿之助の渡欧が実現するかに見えたが、これも二月中旬に頓挫してしまった。丁度その頃（二月十五日〜二十三日）、ベルリンの極東美術館において「日本演劇展」が開かれ、古画、版画、衣裳、面等、多数の資料が出品されている。演劇評論家のフリッツ・エンゲル（Fritz Engel）が新聞で称賛の記事を書き、「日本の舞台を取りあえず絵による模写の形で。日本の一座を呼び寄せることにしよう。そうすれば、本物の生きた役者に巡り合えることになろう」（*Berliner Tageblatt,* 18. Februar 1930）と述べた。このようにドイツでは、猿之助渡欧の噂がきっかけとなり、日本演劇の来訪を強く待ち望むムードが高まっていた。そこに筒井徳二郎が欧州巡業の途次ベルリンを訪れたわけである。

その時ベルリン市民が目の当たりにしたのは、右記のような一流所の歌舞伎ではなく、新派・剣劇の旅回り役者の芝居だった。それにもかかわらず、著名な批評家たちは一様に一座の芝居と演技術を称賛し、ベルリン公演の成功を称えたのである。例えば二十世紀前半のドイツを代表する演劇評論家、ヘルベルト・イェーリング（Herbert Ihering）は、「筒井徳二郎に率いられたこの舞台が、正真正銘の本物の日本演劇であるかどうかを判断することはできない。しかしただ一事、長年、ベルリンの劇場で見た芝居の中で、最も啓発されたものの一つであることだけは確かである」（*Berliner Börsen-Courier*, 4. Oktober 1930）と言い切った。

ところが、ベルリンで初日を開け、多方面から称賛を浴びることになった日本の一座について、新聞社には某日本文化研究家から「日本でいまだ一流の劇場に出演したことのない男女の映画俳優で構成されており、さらに東京のある演芸場に出ていた軽業師や剣術芸人も加わっている」という非難の手紙が届けられたのだ。これに対してフリッツ・エンゲルは、自らの劇評に添えた注記において、この識者の手紙の内容を紹介し、「それをもってしても、我々の下した判断とベルリンの観客全体の判断は変わるものではない」と強く反論した（*Berliner Tageblatt*, 4. Oktober 1930）。またある新聞の評者は、大新聞に掲載された「専門家」と称する某教授の言葉「彼らは全然ちゃんとした俳優ではない。素人であり、せいぜいどさ回りの役者にすぎない」を引用して、「日本ではどさ回りの役者ですらこれだけ立派な芝居をするのであれば、東京のコルトナーやマサリー(2)に相当する役者たちは、いかばかり高級であることか」（*Berliner Herold*, 12-18. Oktober 1930）と皮肉たっぷりに反撃を加えた。

既述の通り、筒井一座の主要メンバーは旅回りとはいえ、それなりの経歴を持つ新派・剣劇役者であり、特に筒井は常に八十名以上の大一座を率いる関西劇界の実力者であった。したがって専門の学者から寄せられた情報は、正確ではなく、専ら大衆演劇に対する偏見と権威主義に基づくものあったと言わざるを得ない。

ではベルリンの観客が目の当たりにした筒井一座の舞台とはどのようなものだったのか。それを知る手掛かりとして、一九三〇年十月八日付の『フォス新聞』(*Vossische Zeitung*, 8. Oktober 1930)に掲載された、ドイツ人俳優の詳細な報告「舞台裏から覗いた日本人」(„Japaner hinter den Kulissen")を検討してみる。このルードルフ・アーメント(Rudolf Amendt)という俳優は、一座の解説者兼通訳であるが、やはり、某識者から新聞社に寄せられた「日本人一座には俳優など一人もいない」という情報の真偽を確かめるため、公演の様子を舞台裏からつぶさに観察することにしたのだ。報告しているのは剣劇『影の力』の第一場「峠の茶屋」の場面である。ここでは庄屋である忠治の父、卯左衛門が飢餓に苦しむ百姓を救おうと、年貢米免除の直訴をしたため、領主に殺された上、忠治の許婚の茶屋娘つゆも連れ去られる。特に許婚を奪われて忠治が怒り狂うところと、彼が父の亡骸を発見して苦悩するところを詳述し、さらにこの場面を見ていた観客や舞台関係者の反応にも触れている。少し長くなるが、父の死に直面して忠治が苦悩する部分を翻訳する。

それから彼はその場を去って、先に行こうとし、つまずく。片足をぶつけて、よろよろと後ろへ倒れ、地面にしゃがみ込んで、痛む足を押さえる。（……）激しく痛む足に唾で濡らした指先でそおっと触れる。

怒りは消え去り、許婚のことも忘れて、足の痛みに彼の激情が吸い込まれたかのようである。

（……）彼はやっと立ち上がり、足を引きずって、先程つまずいた隅の方へ歩いて行く。（……）

彼は確かめる。何もないはずなのに、これは一体何だろうと。そこにうずくまっていたのは彼の父だった（舞台裏の隅の方に）。（……）彼は驚いたように、ここで何をしているのと父に尋ねる。答えがない。（……）そのとき、今にも襲ってくる恐怖の予兆が彼の顔の表情に現われた。彼は父を明るいところに運んで、じっと見つめ、手を離す。すると父が袋のように崩れる。父は死んでいたのだ。

彼は立ち上がり、そのまま身じろぎ一つしない。彼の扁平な顔は全く虚ろとなり、黒い瞳は叩き壊された窓のように、じっと見つめている。

それから彼は怒り狂い、頑として信じようとしない。そして泣き伏す。彼の心痛は底なしに深く、限りなく大きいのだ。

幸いにも年配の指導者が現われて、彼に再び自分を取り戻させる。そうでなければ、彼の嘆きは決して止むことはないだろう。

それから彼は父の亡骸を背負う。その重みで背中が深く曲がり、よろけながらゆっくりと舞台の上を歩いて行き、歩きながら、白い化粧を施した自分の顔を死んだ父の顔に優しく寄せる。

立見の客はこの悲しみの海を見て呆然と立っている。

新聞社のカメラマンは三脚にしがみ付いたまま、じっと眺めている。

女性のスケッチ画家は膝から画帳が滑り落ちたのも気付かず、見続けている。照明係、幕引、舞台監督たちは足に根が生えたように突っ立ったまま、見入っている。（……）

竹の簾の陰では（……）、黒い着物を着た小柄な男だけが突然唄い始める。トリルを伴った、長く引き伸ばす、嘆くような曲調、うら悲しい、異教の連禱のような旋律を、哀れな忠治の重い道行に合わせて唄う。

筒井一座の海外公演において、この場面はどこでも評判が良く、忠治を演じる若手スター三桝清が最も高い評価を受けたところである。この後、忠治は筒井扮する日光円蔵の援助を受けて父の仇討ちを果たし、許婚を救出するという方向に展開していく。ここで注目したいのは、許婚を奪われた忠治の激情、その後、足をつまずく肉体的苦痛を挟んで、殺された父を発見して悲しむ深い内的苦悩への移行が、役者の豊かな身体演技によって、舞台上に生き生きと描写されているということである。そこには人間の普遍的な感情の表出と役者の確かな演技力を感じずにはいられない。忠治を演じた三桝清は後年、女剣劇の初代大江美智子一座でその相手役として活躍することになるように、当時から力量のある役者だった。このように、ドイツ人俳優は筒井一座の芝居を舞台裏からプロの目でつぶさに観察した結果、そこに本物の役者と本物の演技術を認めざるを得なかったというわけである。

3　反響と評価

この報告もそうであるが、数多くの新聞記事から推し測れるのは、ベルリンのほとんどの演劇人やジャーナリストが、上述の学者や日本通の情報にとらわれず、筒井一座の芝居を自分の目で見、価値評価していたということだ。彼らが筒井一座の芝居に見出した第一の特色とは何であったか。それは西洋近代のリアリズム演劇のような専ら言語による心理描写ではなく、シアトリカリティー（劇場性）と職人芸的な身体演技だった。十月五日付『テークリッヘ・ルントシャウ』（*Tägliche Rundschau*, 5. Oktober 1930）に掲載されたエドゥアルト・グーデンラート（Eduard Gudenrath）の記事によると、西洋演劇はすでにシアトリカリティーを失っているが、日本の演劇は依然シアトリカリティーそのものであるという。

これらの劇においては、我々が日本語の知識を欠いているので、言葉の作用というものはほとんど皆無というに等しかった。それでも観客はすっかり出来事の虜になり、強烈な印象に心を奪われてしまった。このように演劇の、すなわち純粋に演劇的なものの力が体験されたわけで、これこそ公演の夕べの大きな体験だった。素晴らしいリズムで結び合わされた動きと音色と色彩から成る世界が、観客の眼前に提示されたのだ。

クルト・ピントゥス（Kurt Pinthus）は、十月四日付の『夕刻八時新聞』（*Acht-Uhr-Abendblatt*, 4. Oktober 1930）において、一座の芝居が日本の権威ある演劇の姿を伝えていないことを承知の上で、同様の視点から評価している。

しかしそれでもって、筒井と彼の一座を侮辱することがあってはならない。なぜならこれらの日本人は立派な成果、忘れがたい印象、啓発されるところの多い演劇〔Schau-spiel〕を伝えているからだ。日本人の芝居は本当の意味でSchau=Spiel〔シャウシュピール＝見せる芝居〉、Schau＝Bühne〔シャウビューネ＝見せる舞台〕なのである。それは言葉からではなく、身体演技、身振り、装飾的な仕草から生まれたのだ。〔〔　〕は引用者注〕

筒井一座のこの「見せる芝居」、「見せる舞台」は、身体表現（仕草・表情・動き）を中心に、色彩・舞踊・軽業・音楽・言葉等、多様な芸術要素から成り立っており、パリ公演やロンドン公演と同様、観客の眼には、役者たちがこれらの表現手段を巧みに使いこなしているように映ったようだ。既述の通り、ロシアの前衛演出家、フセヴォロド・メイエルホリドは「見世物小屋」（一九一二）という論文で、昔の黙劇役者、道化師、軽業師、吟遊詩人等の職人芸的な技芸を現代に復活させる必要を説いているが、このような芝居をイメージしているのだろう。

十月五日付の『フォス新聞』（*Vossische Zeitung*, 5. Oktober 1930）でアルトゥーア・エレッサー（Arthur Eloesser）は、このロシアの演出家の主張に呼応するかのように、「ここに登場するような日本人役者は、舞踊家、歌手、剣術家であり、サーカスで厳しい訓練を受けたアクロバット芸人である」と指摘する。さらにピントゥスは上記『夕刻八時新聞』において、「これら日本の役者たちは第一級の軽業師である。そのうずくまり、飛び跳ね、剣で戦い、トンボを切る様は、今日、最上のヴァリエテでもめったに見られるものではない」と絶賛する。

一方、フリッツ・エンゲルは十月四日付の『ベルリン日報』（*Berliner Tageblatt*, 4. Oktober

1930）で、二十世紀初頭に川上一座や花子一座がドイツに現われて以来、ドイツ人は日本演劇について多くを学んだ。その結果、ドイツ演劇も日本演劇に接近して、身体演技を大いに取り入れ、サーカス芸との区別がなくなって、ドイツの俳優たちも「跳躍し、刀で戦い、大袈裟な仕草をする」と述べている。エンゲルの見方によれば、この辺りに、ドイツ人が筒井一座の見世物的な芝居を受け入れる土壌ができているということだろう。

ところで、シアトリカリティーに基づく筒井一座の芝居が、それだけのことで称賛を受けたわけではない。「動きと音色と色彩から成る世界」は、それぞれの要素が「素晴らしいリズムで結び合わされ」、統一されているがゆえに、観客に忘れがたい印象を与えることができたのだと上掲のグーデンラートは考える。メイエルホリドはもう一つの論文「演劇の歴史と技術」（一九〇八）の中で、彼の目指す「新しい演劇〔様式劇＝引用者注〕は律動的な線の動きや、色彩の音楽的調和に厳しく律せられた構成を取り入れることになった」（『メイエルホリド・ベストセレクション』、五六頁）と述べているが、ベルリン市民も筒井一座の日本的舞台を直に見て、独特のリズムや様式で律されていると受け取ったようだ。フーゴ・クープシュ（Hugo Kubsch）は十月四日付の『ドイツ日刊新聞』（*Deutsche Tageszeitung*, 4. Oktober 1930）において、一座の芝居は「演劇芸術としては全くの別世界」であるが、西洋人にも容易に理解できるとして、次のように述べている。

日本の役者たち、少なくともこれらのカブキ役者たちが演じるすべてが、彼らを象徴的なものに高め、日常から高次の次元に引き上げる。色彩、仕草、動き、そして言葉や舞台背後の原始的な伴奏音楽ですら、すべてがリズムによって規定されている。どんな単純な一歩であろうと、どんな瞬間の手の屈曲であろうと、引き締まったところ、様式に厳格なところのない動きなど何一つないのだ。

筒井一座の芝居を構成する要素の中で最も重要なのは、何と言っても職人芸的な身体演技である。この点に関して、ヘルベルト・イェーリングは十月四日付の『ベルリン株式新聞』(*Berliner Börsen-Courier*, 4. Oktber 1930)において、„mimische Stationen"(「身振りの見せ場」の意、Stationen は Station の複数形)という概念を用いてユニークな見解を提示している。英語と同様、ドイツ語の „Station" は「ある場所に留まること」、あるいは「留まる場所」を指す言葉であり、ここではあくまでも聖地巡礼の沿道にある霊場・霊地や、キリストの十字架道行の留の意味に使われている。したがって意味上は「身振りの霊場」とでもすべきところであるが、日本語の「霊場」は限定的であるので、やむを得ず「身振りの見せ場」と訳した。

これらの役者は身振りの見せ場〔Stationen〕を演じる。巡礼コースの霊場〔Stationen〕は時を経ても変わらず、聖者の像も十字架の道行の留もいつまでも変化しない。すべての巡礼者はそこを訪れると、必ず同じ仕草をして、同じようにひざまずき、同じように立ち上がって行く。それと同じように、これらの芝居と役柄においても、すべての見せ場が伝統的に固定されているように見え、いつの時代の役者もそこで定められた演技をして先に進む。（……）例えば彼〔三桝清〕は殺された父親を発見する場面を演じるが、観相学的としか言いようのない精確さで、顔面の皮膚の下の筋肉がゆっくり動くのだ。それらの筋肉が次々に電流に触れ、反射的に動き始めるかのようだ。この極端にも思える意識性、精密を極めた演技、各段階を細かく区分する手法によって、観客は深く感動させられた。

〔〔　〕は引用者注〕

筒井一座はそもそも剣劇と歌舞伎の翻案をレパートリーとしており、古典演劇としての歌舞伎を正統に継承しているわけではない。しかしイェーリングの視点からすれば、それでもなお、彼らの演じる「見せ場が伝統的に固定されているように見え」、彼らが「そこで定められた演技をして先に進む」のが見て取れた。つまり、西洋のリアリズム演劇に散見する、恣意的で、定まらぬ演技ではなく、各々の見せ場に応じて固定された演じ方、いわば演技の「型」と呼んでよいものを発見したということだろう。言い換えれば、イェーリングはこの新派・剣劇役者の一座にもある程度受け継がれているはずの日本の伝統的な演技様式に注意を喚起しようとしたと言ってよいであろう。

そればかりではない。イェーリングはこの演技の「型」に生気を盛り込む手法をも指摘している。筒井一座のことでありながら、日本の伝統演劇の演技術そのものを論じていると思われるほどである。

世界の演劇の両局はマックス・ラインハルトと日本人である。マックス・ラインハルトと言えば、『ロミオとジュリエット』、『夏の夜の夢』、『ベニスの商人』といった同じ古典作品を、様々なヴァリエーションと解釈で変容させる。日本人はどうか、彼らは繰り返し同じ鉄の規則に従って登場する。そして大変に感動的なのは、彼らがこの規則を満たしながら、それを生き生きと保ち、それを流れの中に保ち続けることである。

イェーリングと同様、クープシュも上掲の批評の中で、役者の演技が型や様式に縛られながら、決して生気を失っていず、それどころか創造的ですらあると指摘する。

日本の役者は、それにより全身に厳しい規律を課している、ほとんど不可解とも言える仕草技法によって、非常にぴんと張り詰めた、生き生きとした演技を行う。その結果、彼は観客の前で実際に新しい現実を構築するのであり、また芸術を作り出すのであり、すなわち創造的たる所以である。しっかり定められた様式の域内で創造的なのである。

一方、筒井一座の芝居を「見せる芝居」、「見せる舞台」と称したクルト・ピントゥスは、さらに同批評の中で、一座の純粋な舞踊（『狐忠信』、『面踊り』等）以外に、芸術的に高められた身体演技、例えば剣劇のクライマックスの「殺陣」についても、「仕草と演じ手の全体像」によって見せる「舞踊的様式」と呼んでいる。その上で、「舞台に表現されるすべては壮麗なパントマイムであり、それはヨーロッパではすっかり失われてしまったような、高度に訓練を受けた身体と顔の表現力を伴っている」とし、身体表現の意義に言及する。

ピントゥスによれば、一座の舞台において重きをなす身体表現は、人物の内面を視覚化する手段であると共に、その芸術的な造形性によって、日本の木版画のように鮮やかな表現力を持つという。

（……）身体と顔の筋肉の訓練は、はらはらさせる巧みな殺陣のように、それ自体が目的であるばかりでなく、あらゆる内面の動きを外面の動きで純粋に視覚化するための手段でもある。（……）
それゆえに彼らの身体はどの瞬間も、それぞれの筋肉を興奮させる非常に大きな身振りの、極めて大袈裟な動きの中にあるばかりではない。彼らの顔面はいつも、日本美術の頂点である木版画と同様、仮面のように鋭く鮮やかな表現力を持っている。

ピントゥスはこのように人物の内面を、輪郭の明瞭な身体演技によって鮮やかに表現する手法を、「何百年の伝統によって様式化された、容赦のないリアリズム」と呼んでいる。我々の視点からすれば、このような日本の伝統演劇の「様式的なリアリズム」を、旅回り一派もある程度共有していたと考えるべきだろう。そしてピントゥスは、このような手法が、一般観客と共に「ベルリンのほとんどすべての劇場支配人」をも惹き付けて興奮させたように、「非常に稀に見る効果を発揮した」ことを認め、昨今の内外の傾向と考え合わせ、身体表現の再認識を促されたと述べている。

ヘルベルト・イェーリングも筒井一座の芝居に、このような様式的な身体表現の重要性を認識していることは、すでに述べた。しかしそればかりではない。同じ批評の中で、内外演劇の新しい実験的試みを見据えながら、筒井一座の舞台が西洋演劇の問題点と、その改革のための指針を指し示しているとする。以下で触れるブレヒトの反応を視野に入れると、非常に興味深く、示唆に富んだ指摘である。

我々はヨーロッパでの多くの実験、例えばブレヒトの試みが何を目指しているかを知っている。舞台芸術のばらばらな解体ではなく、根本様式、基本姿勢、形態、伝統の創造である。日本演劇の基本的な場面と身振り表情による各々の見せ場は、我々に何が欠けているか、我々はどこに到達しなければならないかを教えている。東京では拘束から解体に向かっている。我々は、演劇的・演技的無秩序の数十年を経て、解体から拘束へ向かわねばならない。〔傍点＝引用者〕

ベルリンの批評界で唯一人、筒井一座の劇評を書いた日本人がいた。野原駒吉である。当時ベルリンに在住し、ドイツ語作家、ジャーナリストとして活躍していた。(3) 日本に生まれ育った彼が、十月四日付の『ベルリン正午新聞』(*Berliner Zeitung am Mittag*, 4. Oktober 1930) において、しばらくぶりに見る日本の芝居に感謝の気持ちを込めながら、偉大な歌舞伎の香りが劇場に漂っていたとして、次のように述べている。

今夕の教えはまとまりの良さ、ぴんと張りつめた緊張であり、音楽・舞踊・演技のぴったり息の合ったところであり、大小歯車のうまくかみ合ったところであった。一階席に考え深げに座っていたマックス・ラインハルトは、理想的な芸術作品を探し求めて、『夏の夜の夢』の独創的な演出を試みたあの時代を思い出していたのかもしれない。あの作品は私の感覚では、西洋のすべての舞台芸術の中で最も歌舞伎に近いものではないかと思っている。

日欧の演劇に共に通じた評者が、異文化接触や文化融合に新しい文化創造の契機を見るというグローバルな視点から、筒井一座のベルリン公演の成果と意義を評価しようとしているのだと思われる。つまり日本人の野原も、この剣劇一座の芝居に日本の伝統演劇の妙味が十分反映されていることを認め、その刺激が西洋演劇の活性化に役立つと考えているのではないだろうか。いずれにせよ、既述の日本文化研究家の姿勢とは根本的に異なることが明らかであろう。

ところで筒井一座の個々の演し物や見せ場、そして役者たちの演技はどのように評価されたのであろうか。第一回ベルリン公演の中で最も好評を博したのは、すでに何度も触れた剣劇『影の力』であり、ある新聞の言葉によれば、「このベルリン客演の成功を決定的にした」(*Deutsche Zeitung*, 4. Oktober 1930) という。しかも三桝清演じる忠治が、父の遺体を見つけて苦悩する場面が最も評判が良かった。イェーリングの見方はすでに上に引用した。ピントゥスは三桝の「身振り表情のソロ」を「苦悩の全段階を表わす何十もの仮面を次々に取り替えるかのよう」だったと形容している。野原によれば、その時「ただ下座の笛の音だけが、瀕死の小鳥のようにすすり泣き、舞台には歌舞伎の醍醐味がみなぎっていた」という。そして評者は口を揃えて、この三桝の演技を「日本演劇の夕べ」の中で最高の出来と称賛した。それどころか、野原は彼を「これまでにベルリンの舞台に立った最大の俳優の一人と呼んでよい」とまで言っている。

さらに『影の力』の幕切れで、座長の筒井演じる円蔵が犠牲の切腹を遂げるところに称賛が集中していた。「すでに刀の切っ先が肉に突き刺さり、震えているところを、柄を掴んで引き、舞台の上で激しい断末魔を演じる時、まさに歌舞伎の神髄の一つを味わうことができる」と野原は言う。一方でピントゥスは、若い二人が割腹する円蔵に、それを眺めてもらうことで苦痛が和らぐようにと、大輪の菊を手渡すところは、残酷な場面にも「日本的なリリシズム」を添えていると評している。

ピントゥスはさらに、「山中は追剥ぎに襲われた老人の嘆きを、いわば朽ち果てた肉体のように、ただもう哀れにしゃがみ込むことで描写する術を心得ていた」としており、その通りの演技であったと思われるが、プログラムによれば、この老人を演じたのは山中實ではなく、忠治の老父卯左衛門と二役を演じた山田好良となっている。エンゲルは老人を演じたこの役者のことを「その外観からして、そのまま西洋の舞台に移っても何ら違和感がないのではないか」と、舞台におけるその普遍的な人物造形を指摘している。

その他、舞踊『狐忠信』のフォックス・ダンスも筒井が踊って中々好評だったが、仮面を次々に取り替える森肇のマスク・ダンスはそれ以上に好評だった。これはひょっとことおかめの面踊りだった。歌舞伎の『鞘当』を翻案改作した『恋の夜桜』は、それほど反響はなかったが、この中で二人の侍の争いを仲裁する留め女を演じたのは関西新派の女形、上記の山田好良であったことは特筆に値する（海外の批評では誤って一座に女形がいなかったとされることが多い）。女優では千草桃代のことをエンゲルは「優美な桜の花さながら」と称え、「彼女はどれだけ耐え忍ばねばならないことか！　また何と気高く、真に悲劇的な姿で耐え忍ぶことか！」と称賛する。

以上のような筒井一座の芝居の特色は元々、渡米公演において出来上がっており、アメリカ在住の舞踊家・伊藤道郎の脚色・演出によるところが大なのであるが、渡欧してからは、筒井が巡業の先々で、観客の反応を見ながら演し物の内容と上演方法を種々工夫していった。そもそも筒井はこれまで国内で、『大石内蔵助』や『河内山宗俊』等の脚本を書いてきた自作自演の役者だった。その意味で、座長のみならず、演出家、脚本家としての筒井の手腕に少し触れておく必要があるだろう。この点については、上記『ベルリン正午新聞』における次の野原の言葉が示唆に富んでいる。

座長の筒井徳二郎は才能があって頭の切れる人である。彼は西洋人に奇異の念を起させたり、理解しにくい幾多の箇所を注意深く取り除いたり、手を入れたりしてきたが、彼の演出方法は高い知性と芸術家としての才能を証明している。その筒井が昨夕のあれこれの素晴らしい場面の必要な枠組みを用意したのであり、その高さは演劇的情熱に、その広さは成熟した、老練な、あらゆる手段と巧妙さを使いこなす役者魂に裏打ちされている。

以上のように、当時の新聞を見ると、筒井徳二郎一座のベルリン公演は、一部の日本文化研究家と称する人々のマイナス・キャンペーンに遭いながらも、パリ公演に勝るとも劣らぬ大成功を収め、多大の反響を呼んでいたことがわかる。しかもベルリン中の劇場支配人や主な演劇人が招待されており、当時、演劇に関して世界で最も厳しい鑑賞眼を持っていた人々の前で、高い評価を受けたわけである。もちろん、筒井一座がベルリンでこれほどの成功を収めた背景として、上述の特別な時代状況があったことも事実である。しかしそれにしても、中村勘三郎、尾上梅幸等による本格歌舞伎の欧州公演（ベルリン、パリ、リスボン）は、それから三十五年後（一九六五年）に実現したことを思うと、筒井一座の先駆性がわかるというものである。

注

（1）辻十九二がケーニッヒスベルクから座員・岡田須磨子の両親に宛てた手紙（筆者蔵）

（2）コルトナー（Fritz Kortner, 1892-1970）はオーストリア出身の俳優。マサリー（Fritzi Massary, 1882-1969）もオーストリア出身のオペレッタ歌手で女優。

（3）野原駒吉は松竹の城戸四郎の従弟に当たる（城戸の息女・迫本君枝氏のご教示による）。一九三八年十一月の宝塚少女歌劇ベルリン公演に際しても、報道関係で世話を焼く。第二次大戦中、ベルリンの日本大使館に勤務していたが、ドイツ降伏後、一九四五年にソ連軍に拘留され、翌年、モスクワで極東国際軍事裁判のための審問を受ける。その時の調書に記された略歴によれば、一八九九年に横浜に生まれ、欧州で中等・高等教育を受け、バーゼル及びベルリン大学の哲学科に学んだ。その後、一九三九年に日本大使館に雇われるまで欧州、南北アメリカ、日本等でジャーナリストを務めたという（「証人野原駒吉審問調書」、国立国会図書館・憲政資料室所蔵『極東国際軍事裁判文書』：*Court Exhibits in English and Japanese, International Prosecution Section, 1945-1947*. National Archives Microfilm Publications, M1688. The National Archives, National Archives Records Administration, Washington: 1991, Doc. No.2074, p.1参照）。また野原には小説家として数多くのドイツ語の著作がある。

第九章　西洋演劇人の反応

かつて西洋の演劇人たちは歌舞伎ではない日本の芝居を見て刺激を受け、それを「歌舞伎」と呼ぶことがあった。そのため、彼らが歌舞伎から影響を受けたのだと思われたり、逆に彼らの見たのは本物の歌舞伎ではなかったゆえに、そのような刺激など問題とするに足らぬと言われたりしてきた。しかしいずれも不十分な理解だったと言えよう。というのも、歌舞伎から影響を受けたと称する人々は、本物の歌舞伎を実際に見ていないにもかかわらず、意外にその紛い物を通じて、歌舞伎も含めた日本の伝統演劇の本質をほぼ正確に掴んでいたからである。

第二次世界大戦前の日欧演劇の交流や接触に関しては、この種の問題を素通りすることはできないだろう。例えば、ある西洋の演劇人が歌舞伎から刺激を受けたとされる場合、何が発信源なのかを突き止める必要があるのだ。筒井一座の芝居も西洋では歌舞伎と称されることが多かった。この章では西洋の指導的な前衛演出家たちが一座の芝居を見てどのように反応したのか、あるいは何ゆえ一座から刺激を受けた可能性があるのかを検証することによって、一座の海外公演の意義を探ってみたい。

1　ジャック・コポーとシャルル・デュラン

筒井徳二郎一座のパリ公演に感銘を受けた演劇人の筆頭にくるのは、現代フランス演劇の開拓者、ジャック・コポー（Jacques Copeau, 1879-1949）である。彼は早くから日本の古典演劇、特に能の芸術性に関心を持ち、その刺激を彼の前衛的な演劇に採り入れてきた。その彼が筒井一座の芝居に異様とも言える好奇心を向けた。帰国後に書いた筒井のエッセイ「漫談・欧米の旅」によれば、コポーは初日から四日間客席で見物し、五日目からは楽屋に入ってきて観察し出したらしい。そして筒井は「通訳なしで」コポーと語り合ったのだという。

彼の云うのは日本は恁麼（こんな）美しい芝居があるのに何故日本人は厭な近代の泰西劇を真似するのだろうと云ふのだ。そして芝居は絵画美と動きと会話とにある筈なのを近頃の仏蘭西劇は此の絵画美と動きを忘れて只言葉にのみ走つて居ると貶して、熾（さか）んに日本劇を賞めて

ピガール座楽屋の筒井とジャック・コポー(『道頓堀』昭和6年6月号より)

呉れた。〔新漢字以外、原文のまま＝引用者注〕

「通訳なしで」というのはさておき、「芝居は絵画美と動きと会話とにある」という主張は、普段の言動から判断してコポーの言葉に間違いなさそうである。しかしコポーほどの演劇人がどうしてそこまで筒井一座の芝居に魅せられたのか。その理由は、彼が筒井一座について、ブエノスアイレスの新聞『ラ・ナシオーン』（一九三〇年十一月二十三日）に載せた「舞台の規律[1]」という記事から明らかである（一九二八年来、毎月同新聞に記事を連載）。その一部を引用する。

（……）われわれは筒井の上演、彼の演出方針、彼の公演に自然に備わっている威厳、彼自身の解釈と彼の座員たちの解釈、これらすべての中に、比類のない芸術的伝統の生き生きした輪郭を見て取ることができるのだ。演技も解釈も中途半端なものではなく、また平凡なものでもない。彼の存在感は舞台外の生活と同様、絶対的なものであるが、それが彫像のごとく造形され、印象深く作用する。（……）ごく取るに足りない端役の男優が、わずかの台詞しかしゃべらない時でも、その動作、身のこなし、声の調子や渡し台詞に寸分のミスもない。彼は自分の体の筋肉や脚ばかりでなく、わずかな顔の表情まで完全にコントロールできるのだ。（……）女優の中でも最も端たな役者が、急いで駆け込んでくる時も、歩調を保ち、決して要求された以上の歩数を踏まない（……）。

コポーは筒井が地方回りの役者であり、一座の「カブキ」も正統なものではないことを十分承知していた。にもかかわらず、その生気に満ちた様式、座長の存在感と巧みな演技力に深い感銘を受けたのである。さらにコポーの観察眼は鋭く、端役も毎回正確な身振りで輝いていたことを見逃さない。それどころか、一座の役者が本物かどうかを判断するために、芝居の途中で楽屋を観察したと述べているところは、筒井のエッセイと一致する。

そこは私にとって、彼らの人間性や彼らの能力の特性を最もよく観察できる場所なのだ。（……）何という秩序正しさ！何という静けさ！何という慎み深い信念！何という情熱的な自制！わざと騒いだり、前もって顔をしかめたりすることもない。わが西洋の俳優が舞台裏に退るやいなや、自分の役を演じ終えたことを嬉しがり、たった今演じたばかりの人物を嘲ながら見せるあの不遜なおどけ顔も、あの元気一杯の表情も、あの知ったかぶりの態度もない。

コポーがそこに発見したのは、どんな端役にも見られる「秩序正しさ」、「静けさ」、「慎み深い信念」、「情熱的な自制」、演技への心の十分な備えであり、それらが一座の舞台を精神的に支えていることを知ったのだ。彼はこれまで長年、俳優、演出家、劇団及び演劇学校の主宰者として、演劇改革のために闘ってきたが、その理想を実現するために必要なもの、すなわち一塊の情熱的な俳優、徹底した俳優訓練、それに舞台の規律を、筒井一座に見出したわけである。「演劇芸術の真の精神(2)」というエッセイの中で、彼は書いている。

私だけの意見ではないと思うが、自らの芸術の精神に燃える真面目な俳優集団が、近い将来、新しい演劇形式に命を吹き込むことができるようになるだろう。演劇は内から救済されねばならないのであり、同情的に付き合うつもりで顔をしかめ、あるいはさも軽蔑心を隠して仕事に取り掛かるような、偽善的芸人によっては救われることはない。

つまり、コポーは筒井一座の規律正しい役者と比較して、普段よく見かける西洋の不真面目な俳優を厳しく批判しているが、その言葉から、これまでもずっと同じ姿勢で演劇改革に取り組んできたことがわかる。このように日頃説いている演劇理論に基づいて、一座の特色を論評しているわけで、逆に、一座の海外向けの安易なアレンジや西洋風の自然主義を採り入れたところは、逃さず批判しているのである。なお同批評の中でコポーが「あの日の夜遅く、筒井の楽屋において、私が感謝の気持と敬意の念をジェスチャーで伝えようと試みていた時、一座のすべての役者が劇場を去る前に一人ずつやって来て、座長の前で丁寧にお辞儀する様を目の当りにしたのだった」と述べており、筒井がコポーと「通訳なしで」話し合ったというのは、まんざら嘘ではなさそうである。

筒井一座のパリ公演に際し、現地在住の松尾邦之助が通訳を務めたが、コポーは松尾に対しても、上記新聞と同様の趣旨の見解を述べている。松尾はその見解をもとに「世界にまたとない日本役者の『動き』」という記事を書き、日本の新聞社へ送った（『大阪朝日新聞』一九三〇年六月二十七日）。それによるとコポーは、散見する「アメリカ式の写実味はよくない」と明言した上で、一座の芝居を称賛する。

しかしフランス人はこの日本劇から学ぶものを多く持つてゐる。私の特に探求したもの

> は会話の調子ではなく、無言の時の役者の動きである。（……）
>
> フランス劇壇は二十年来、全く嫌悪すべき不快な写実主義、現実主義と戦つてのみゐるが、現在なほ何等よい芝居を作つてゐない。フランスの芝居は会話本位で、「所作」が次第に無くなり、無言の伝統的な動きは全く滅びてゐる。（……）演劇の生命、それは日本の役者が豊かに持つてゐる寡黙な沈黙の中に躍動している動きです。
>
> 〔新漢字以外、原文のままであるが、傍点は引用者〕

この報告を読むと、なぜコポーが筒井一座の芝居を高く評価したのか、その理由が一層よくわかる。コポーも含めフランス劇壇はこれまで長年、西洋近代のリアリズム演劇の行き詰まりを打開しようと奮闘してきたが、その試みはことごとく失敗だったと自覚しているところに、日本の一座の訪問を受けたわけである。コポーはそこに自分の理想とする「演劇の生命」、すなわち「寡黙な沈黙の中に躍動している動き」を発見したのだ。またコポーは一座の囃子や付け打ちを褒める一方、日本の新劇がこのような伝統的手法と断絶していることを嘆く。とにかく日本人に対して、「演劇については、日本は世界のどの国のものより優れた芸術を持ってゐる」のに、西洋演劇を買い被りすぎている。自国演劇の価値を十分認識して、その進展を図られるのが急務だと忠告するのである。

コポーは一九一三年にヴィユ＝コロンビエ座を創設して以来、西洋演劇の改革に邁進してきたが、当初は戯曲、すなわちテキストを重視する立場であった。それは俳優の身体を軽視するということではなく、テキストを読み込むことで、そこから俳優の動きを含め、演劇のすべてを引き出すという意味だった。しかし岸田國士はパリに渡り、当時のヴィユ＝コロンビエ座に学んだが、彼の『我等の劇場』（新潮社、一九二六）を読む限り、テキスト重視は師の本意とは異なり、専ら台詞や文学作品としての戯曲の重視に傾いている。当時の日本の新劇人の傾向である。ところが演劇改革を進める過程で、コポーは俳優の身体をますます重視するようになっていったようだ。だから筒井一座の芝居を見て「無言の時の役者の動き」を「探究」したのも尤もなことだろう。一座を見たのと同じ年の一九三〇年に語ったコポーの次の言葉は、この身体重視の姿勢をはっきり裏付けるものである。[3]

私の仕事のモットーは、いかなる先入観にも従わないということです。私がどのようなことをしても、そこにはいつも経験と知的作業の密接な結合がありました。その結果、俳優たちと数年活動した後、俳優の問題は基本的には身体の問題であると確信するに至りました。俳優は舞台の上に立っているのですから。

〔傍点は引用者〕

ピガール座楽屋の筒井とシャルル・デュラン（*L' Intransigeant*, 10 aout 1930より）

このような俳優の身体と動きを重視する姿勢は、弟子のシャルル・デュラン（Charles Dullin, 1885-1949）も変わらなかった。コポーの影響と思われるが、自らの俳優術論を日本の古典演劇に拠って築いたというデュランも、筒井一座のパリ公演を見逃すはずがなかった。その印象記を彼のアトリエ座の機関誌『コレスポンダンス』に「日本の俳優について——一九三〇五月の通信」と題して掲載した（『俳優の仕事について』渡辺淳訳、白水社、一九五五、六七〜七〇頁）。冒頭、日本の一座の「歌舞伎」（『勧進帳』のことだろう）が伝統的な舞台面を見せてくれると期待していたのに、西洋風の写実的な背景画を見せられて失望した様子が綴られている。それに対して、俳優たちの象徴的で様式化された、しかも生き生きとした身体演技にはすっかり感動させられたようで、日本の俳優術から学ぶべき教訓があるとする。

わたしたちにあっては、〈様式化〉という言葉はすぐに寒々とした審美主義とか、生気がなくて弱々しい韻律学とかいったものを思い起こさせる。ところが彼らにあっては、様式化は直接、雄弁で、現実そのもの以上に表情に富んでいる。

一つ一つの身振りがするどい線で引き立ち、それが身振りに価値を与えている。俳優がぽんと足でける場合、相手には触れないが、動作そのものがあまりにも正確なので、ほんとうにける場合よりももっと乱暴な印象を与えるし、（……）。

彼らは人形劇と仮面劇とに多くを負っており、この劇芸術の高度の形式が彼らに深い痕跡を残している。

この批評を読んでいると、まるで本格歌舞伎を論じているかのようで、デュランがピガール座で見た筒井一座の芝居であることを忘れそうになる。しかしまぎれもなく筒井一座なのだ。彼はこのように表現力豊かな演技術を確と見、「日本の俳優は異論の余地のない〈師匠〉だ」とまで言い切る。その他、「オーケストラを構成する楽器の選択、音楽のほんとうに劇的な使用、音響、人間の声、騒音、これらすべてが競って、劇芸術の原理がそこから浮かび上がる印象を生み出している」と述べ、パリの評論家たちと同様、日本演劇は各々独立した芸術要素のモンタージュから成り立つ全体演劇であるとの認識を示す。このような心酔振りを知れば、岩田豊雄が「あんなものは、カブキでもなんでもない」と食って掛かった時の、デュランの泰然とした態度がわかるというものである。

ところが、コポーやデュラン等を指導者とするフランス前衛演劇が、筒井一座から影響を受けた痕跡あるいは可能性について、岩田自身が報告しているのである。まずコポーの関係であるが、一九二四年にヴィユ＝コロンビエ座を解散後、生徒や若い弟子たちとブルゴーニュで劇団「コピオ」（コポーの子供たちの意）を立ち上げ、訓練のかたわら、国内各地、さらに海外へも巡業する。一九二九年に「コピオ」を解散し、コポーは引退する。一九三〇年、若い弟子たちによる「十五人座（レ・キャンズ）」が誕生するが、翌年の第一回公演『ノエ』（ノアの箱船をテーマとしたアンドレ・オベイ作の神話劇）を岩田は見ており、歌舞伎の手法がそこに影を落としているのを認めているのである（『岩田豊雄演劇評論集』、八一頁）。

——ノエの子の一人は、箱船の上で釣りをする。釣竿を半月のごとく曲げて、綸（いと）を遠くへ投げる。その動作は、我々が現実において為す動作と、全く異なる。時間的により遅く、空間的により大きい。さらに魚のかかった時の希望、釣上げた時の喜びは悉く跪座したままの上半身の、「誇張した」動作によってのみ現される。その動作の形式の近似を、ぼくの記憶のうちに探すなら、タイロフの演出のそれではなく、歌舞伎のそれである。所作物のジュウ〔芸＝引用者注〕である。ぼくは一方ならず驚き、また興味を持たされた。

〔新漢字以外、原文のままであるが、傍点とルビは引用者〕（……）。

岩田はまた別所で、「コポオが文献を通じた日本能の理解や、最近に見た筒井カブキの暗示などが、十五人座の演技の一端に現われたことは、確実なのである」と、筒井一座の影響の跡をはっきり認めている（『新劇と私』、一〇七頁）。当初、コポーやデュランの筒井礼讃に強い不快感を抱いたが、その後、十五人座の試みに接して、フランスの演劇人が東洋の演劇から暗示のようなものを受け取って、新しい次元の演劇に立ち向かおうとしているのを見て、「貴重な第一歩を彼等が踏み試みたという風に、解釈したかった」（同書）と、彼らの真剣な取り組みに理解を示したようなのだ。日本の演劇人としても、伝統演劇を現代の演劇に継承することの困難さを岩田も十分承知していたからであろう。

いま一つは、筒井一座の芝居がデュランを介して、一九三〇年代のフランス・マイムに与えた刺激の可能性である。既述の通り、デュランは岩田に向かって「ぼくらは筒井の舞台によって、類例のない大きな啓示を受けた」と言った。その後、デュランのアトリエ座ではエティエンヌ・ドゥクルー（旧ヴュ＝コロンビエ座座員）とジャン＝ジャック・バローが訓練を受けており、彼らをはじめとするフランス・マイムが日本演劇からの刺激を受けた可能性があると指摘しているのが、フィンランドの研究者、マルヤーナ・クルキネンである。(4)二人は一九三一年から二年間、アトリエ座でマイムの共同研究に取り組み、『古代の戦い』というマイム作品を創作した。バローの自伝『明日への贈り物』（石沢秀二訳、新潮社、一九七五）によれば、デュランはその出来具合を見て、次のように称賛したという。

二年後、私たちは、戦闘を演じてみせた。そこで彼は意見を変えた。彼の眼には、二人のフランス人が日本の俳優たちが持つ完璧な技術を、わがものにしたと映ったのだ。

確かに筒井一座は刀による激しい殺陣と身体演技をたっぷり見せたのであり、その際に観察した日本的な実例がデュランの判断基準になっていたのではないかと、クルキネンは述べている。ドゥクルーとバローがそれを実際に見たという証拠はないが、少なくとも師匠から日本の役者の演じ方を聞いて、彼らの戦闘マイムに何らかの示唆を受けた可能性は十分考えられる。ドゥクルーはこの作品をその後何十年間も演じ続け、身体演技のあらゆる可能性を見せるマイムの傑作に仕上げたようだ。バローもアトリエ座での訓練を出発点として、フランス・マイムの発展に尽くし、身体演技を基礎としてすべての芸術要素を総合する全体演劇の確立に努めた。既述の通り、筒井一座は全体演劇のモデルを提示したと評されたわけで、現代演劇の方向を示唆していたと言ってよい。

2　エルヴィーン・ピスカートアとベルトルト・ブレヒト

筒井一座のベルリン公演は、欧州演劇界の大御所、マックス・ラインハルトが御膳立てしたという噂もあり、ベルリン中の演劇人や文化人が観劇する文化的一大イベントとなった。ドイツでは二年前に訪ソ後の二世市川左團次、数ヵ月前に二世市川猿之助の招聘が失敗しており、二十世紀初頭の川上一座、花子一座以来の待望久しい日本劇団の来訪だった。批評家たちはこぞって日本の一座の芝居と演技術を称賛したが、なかでもドイツの代表的な劇評家、ヘルベルト・イェーリングは、本物の日本演劇を伝えているかどうかは別として、「長年、ベルリンの劇場で見た芝居の中で、最も啓発されたものの一つ」とし、そこに真の生きた演劇様式と西洋演劇の未来の指針を見出したとまで言っている。若い頃から歌舞伎の手法を導入して独自の演劇を創造してきたラインハルトは、毎日、一階正面席に陣取り、筒井一座の芝居を並々ならぬ関心をもって見続けたようだ(5)。

ドイツの政治演劇のリーダー、エルヴィーン・ピスカートア（Erwin Piscator, 1893-1966）も筒井一座のベルリン公演を見ていた。彼が「メイエルホリド劇場の来演とともにこのシーズン最大の演劇的出来事だ」と新聞で絶賛したことを、ベルリン滞在中だった千田是也が、後に自伝の中で腹立たしそうに思い出しながら書いているが（『もうひとつの新劇史』筑摩書房、一九七五年、一九一頁)、この記事は見つかっていない。しかし第一回ベルリン公演の翌月(一九三〇年十一月)、ピスカートアがナチスの宣伝部長、ヨーゼフ・ゲッベルスとラジオ対談を行い、一座の『影の力』第一場「峠の茶屋」の場面に言及していると思われる箇所が、私の調査で明らかになった。対談記録の中の「感情の表現にはインターナショナルなものがあります(日本の俳優が足をつまずく演技をします。肉体的な痛みと精神的な苦痛の表現はヨーロッパ人の場合と変わりありません)。[6]」という箇所である。

このように、ピスカートアは日本の俳優が「足をつまずく」演技をするとはっきり述べており、対談の時期から考えて、つい先日見たばかりの、筒井一座の『影の力』の一場面、忠治が父の死骸につまずいて、身体的・精神的苦痛を表わす場面を例に挙げていることは疑いようがない。芸術はどこまでも民族的であるというゲッベルスの主張に対して、優れた芸術はインターナショナルで、国や民族を超えて理解でき、普遍的であるとするのがピスカートアの考え方である。多くの観客と同様、彼もこの忠治に扮した三桝清の演技を目の当たりにし、演劇の根源的な表現として忘れがたい印象を受けたのであろう。

いま一人、重要な演劇人が筒井一座のベルリン公演を見ていた。当時、叙事演劇の確立を目指し、能の翻案劇『イエスマン』や『処置』を書いていた若き日のベルトルト・ブレヒト(Bertolt Brecht, 1898-1956)である。このことに最も早く言及したのはアントニー・タトロウの『鬼の面』（一九七七）で、かつてのブレヒトの協力者エリーザベット・ハウプトマンに面会して（一九七一年九月三十日）、ブレヒトが当時ベルリンを訪れた「ある日本の一座」（筒井一座と名指してはいない）を見たとの証言を得たとしている。(7) タトロウはこの四十年後の証言をもとに、一九三一年二月、ブレヒトがベルリン国立劇場で自ら演出上演した自作『男は男だ』の舞台表現（例えば見得のような客席を見据えた身体演技）に、歌舞伎の影響があると指摘しているが、日本の一座がどのような芝居を見せたかの詳しい説明はなく、もっぱら歌舞伎の一般的な特徴を引き合いに出して比較している。ここに最初に述べたような「誤解」が生じているわけだ。

ところで筆者は一九九九年三月十五日、ベルリン国立図書館で調査中、ブレヒトが筒井一座の芝居を客席で見ていたことを報じる当時の新聞記事を発見することができた。すなわち一九三〇年十月五日付『ベルリン国民新聞』(*Berliner Volkszeitung*, 5. Oktober 1930) の記事「日本の芝居」の冒頭に、次のように書かれていたのだ。

客席には日本人の姿はほとんど見かけなかった。そのかわりに「ベルリン中の人々」が――ベルト・ブレヒトからケーテ・ドルシュまで、フェルディナント・ブルックナーからマックス・ラインハルトまで――揃っていた。(8)

この記事はベルリン・ケーニッヒスベルク街劇場の文芸部員、ルッツ・ヴェルトマン（Lutz Weltmann）の執筆である。初日は十月三日であるから二日後の日付となっているが、おそらく初日の所見によるものであろう。こうしてブレヒトが筒井一座の芝居を確かに見ていることが、タトロウの挙げた四十年後の人の証言ではなく、この新に見つかった当時の直接資料によってはっきり証明することができるようになったわけである。

しかし、これまでブレヒトがこの日本の一座に直接触れた言葉は見つかっていない。ただ「日本の演劇術について」[9]と題したエッセイが残っており、一九三〇年頃の執筆と考えられている。ベルリンにおける筒井一座の反響の大きさ、一座を見たイェーリングの日本演劇に対する認識と共通する点などから、一座の公演に刺激されて書いた可能性が高いと判断できる。重要と思われる箇所のみを引用する。

この試みは、外国の演劇術の一定の要素が、応用可能かどうか研究しようとするものである。（……）その課題とは、叙事劇が演劇術に課している課題である。ところで上記の外国の演劇術は、似たような（似てはいるが、同じではない）課題を長いこと処理してきた。そこでわれわれは、ある技法をその極めて本質的な前提条件から切り離して移し、根本的に異なる条件の下に置こうとするわけである。

このエッセイの内容は、新しい時代のドラマである叙事演劇を上演するための技法を、日本の演劇術から応用可能かどうか研究する実験的試みへの提案である。文面で見る限り、日本演劇をそのまま模倣するのではなく、そこから西洋の叙事演劇に必要な表現の技法及びシステムを切り取って、いわば移植することを考えていたようだ。

このように今や、ブレヒトが「ある日本の一座」ではなく、まさに筒井一座の芝居を見ていることが当時の資料で確認でき、さらに一座の特色やベルリン公演の様子が既述のように詳らかになってきた以上、エッセイで提案されたような日本的技法の導入の試みをブレヒトにおいて探る場合、タトロウが行ったように歌舞伎そのものとではなく、ブレヒトが実際に見た日本の芝居と比較する必要が出てきたのではないだろうか。

例えば一九三一年二月、ブレヒトが自作『男は男だ』を演出上演した折の台本では、主人公ゲーリー・ゲイは三人の兵士に強要されて、市民から兵士に変身させられる過程を辿るが、その変身場面が筒井一座の芝居から刺激を受けた可能性がある。すなわち第四場には、兵士たちが酒場の隅に机を二台積み上げ、主人公をその机の陰に行かせ、無理やり服を脱がせて軍服を着せる場面があり、客席から見えるこの舞台上での衣装替えに注目したい。

既述のように、筒井一座の『勧進帳』では、義経は現行歌舞伎と違って、最初から強力姿では登場しない。初めは弁慶や四天王たちと同様、山伏姿で現われ、能の『安宅』のように別に強力がいて、着物を取り替えて、強力に扮するという、いわゆる物着が行われた。ブレヒトはこの改作『勧進帳』を見ていたのである。『男は男だ』の初版（一九二六）には、兵士たちによる衣装替えの箇所はなく、この部分はブレヒトが一座の舞台からヒントを得て書き足した可能性が十分考えられる。また机の陰での衣装替えは、歌舞伎の消し幕の応用を思わせて興味深いが、しかしこれを歌舞伎の影響と見るのは早合点というものだろう（筒井一座が消し幕を使ったかどうかは不明）。

ベルリン国立劇場、ブレヒト演出『男は男だ』(1931年)、机の陰で衣装替えする場面(田中徳一『ドイツの歌舞伎とブレヒト劇』えにし書房、2015より)

ベルリン公演で弁慶に扮する筒　井(*Zeitbilder*, 12.Oktober 1930より)

3　フセヴォロド・メイエルホリドと歌舞伎

最後にロシアの前衛演出家、フセヴォロド・メイエルホリド（Vsevolod Meyerhold, 1874-1940）がパリで見たという「歌舞伎」について考えてみたい。彼は若い頃、ドイツの演出家、ゲオルク・フックスの『未来の舞台』（一九〇五）や『劇場の革命』（一九〇九）を読んで新しい演劇理念に目覚めると共に、日本演劇に関心を持つ。特に歌舞伎の研究をして演劇理論や舞台演出に取り入れ、長い間、演劇改革のために闘ってきた。そして後年、その憧れの歌舞伎をパリで見たのだということを繰り返し述べている。しかし、いつ、どの一座の、どのような作品を見たのかは、彼自身、何も語っていない。ところがメイエルホリドの研究家たちは最近まで、彼は一九二八年にパリで歌舞伎を見たという説をとってきた。

おそらくこの説の最初の出処は、一九六八年に出た二巻本の『メイエルホリド選集』の注であろう。そこには

　メイエルホリドは一九二八年、パリで歌舞伎の一座を見る。(10)

と、歌舞伎を見たとする年が明記されているのである。このことがさらに十年後の一九七八年

に出た『メイエルホリドの創造遺産』の注では

一九二八年、ソ連と西ヨーロッパで歌舞伎公演。メイエルホリドはパリで歌舞伎を見る。(11)

と、より詳細な記述になっている。結論から言えば、この二つの注は何の根拠もなく、事実に反する主張を行っていることがわかる。一九二八年といえば、確かにメイエルホリドは休暇で七月から十二月まで妻とパリに滞在した。しかし当時の日仏の新聞・雑誌や演劇関係の記録を調べてみても、パリに歌舞伎の一座が訪れた形跡はない。また同年八月にはモスクワとレニングラードで二世市川左團次の歌舞伎公演が行われたが、その後、一座は帰国し、左團次夫妻と少数の座員で個別に欧州旅行を企てたのみで、歌舞伎公演は行わなかった。したがって従来の一九二八年説は否定されざるを得ないということになる。

実はこの問題に関して、メイエルホリドが意外なところで示唆的なことを語っているのである。それは日本側の資料で、大阪毎日新聞モスクワ特派員の馬場秀夫が国立メイエルホリド劇場において、メイエルホリドにインタビューした記事の一部である(『大阪毎日新聞』一九三一年五月十六日)。

私は古くから日本演劇に憧憬をもち、研究もした。自分の監督指導には、多分に日本演劇の影響を取入れてゐる。現在上演中の、極最近の出しものである『最後の決定的の』(『最後の決戦』＝引用者注)のごとき、ことごとく日本の型を取入れた。モスクワにおける歌舞伎は自分は折悪しく見ることを得なかつたが、最近、パリで日本歌舞伎を見て、非常に益するところがあり、自分の期待に背かず、非常に愉快であつた。この日本の影響を取入れた自分の演劇が、逆に日本に入つてゐることは光栄で、これが即ち文化の交換である。〔新漢字以外、原文のままであるが、傍点は引用者〕

この中でメイエルホリドが「モスクワにおける歌舞伎は自分は折悪しく見ることを得なかったが、最近、パリで日本歌舞伎を見て、非常に益するところがあり」と語っていることに注目したい。すなわち、一九二八年の左團次のモスクワ公演は不在(パリ滞在中)のため見られなかったが、「最近」パリで歌舞伎を見たと言っているのである。常識的に判断して、この「最近」が、一九七八年の注に記された訪ソ公演直後の時期を指すとは考えられない。メイエルホリドが一九二八年の次にパリを訪れるのは、一九三〇年五月、初の外国巡業の折で、九月までパリに滞在した。そして丁度この時期に、筒井一座が五月と、八月から九月にかけての二回、パリ公演を行っているのである。プログラムには、はっきりレパートリーは「歌舞伎」と謳っていた。したがって「最近、パリで歌舞伎を見て」というのは、この筒井一座の芝居のことだったと取るのが自然である。さらに、彼が『最後の決戦』の演出に「ことごとく日本の型を取入れた」のであれば、これまでの歌舞伎の知識に加え、筒井一座の芝居から得た刺激もこの作品の演出に取り入れた可能性が高いことになる。今のところ、ロシア側にはこの関係の証言は見つかっていない。近年、一九三〇年説をとる研究者が出てきているが、なぜか確かな証拠を挙げていないのである。

ところで、メイエルホリドがフセヴォロド・ヴィシネフスキイ作『最後の決戦』（一九三一）を演出中、俳優たちと討論した時の速記録が残っている（『メイエルホリド選集』Ⅱ）。彼がパリで歌舞伎を見たと初めて言うのはこの中であり、随所に歌舞伎に言及している。日付は一九三一年一月十五日、筒井一座の芝居を見ていれば、数ヵ月後のことで、この討論の後、しばらくして馬場特派員のインタビューを受けるわけである。メイエルホリドは討論の中で次のように語る。

あらゆるものにアイロニー、素朴、単純の徴候が宿っています。これを引き出すことは優れた俳優には易しいが、高度な技を身につけていない俳優には難しいのです。
この方法を非常に先端的な、優れた技芸として修得している世界で唯一の劇団は、歌舞伎の一座です。（……）私はパリで歌舞伎の一座を見る機会を得、その時、一座は私がそれまでに見たことのない芝居を見せてくれました。(12)

メイエルホリドはヴィシネフスキイの作品について、内容も表現も単純で素朴だが、これを効果的に表現することは、歌舞伎俳優やチャプリンなど、優れた技芸を身に付けた俳優にしかできないとする。そして、彼の劇団のある端役役者が毎日稽古に励んでいることを評価し、歌舞伎俳優の優れた技芸も、日々の弛まざる稽古の賜物であることを強調する。

メイエルホリドがパリで見たはずの筒井一座の芝居は、元々、国内の旅興行で歌舞伎や講談を一般民衆向きに翻案上演していた大衆演劇で、これをさらに西洋人にも理解できるように筋と劇的状況を単純にし、身体言語で黙劇化を図ったものだった。メイエルホリドは後に単純素朴で、民衆に直接語りかけるような構造を持つチャプリンの映画と、その考え抜かれた技法から学ぶべきだと語ったが（『メイエルホリド・ベストセレクション』、三四一～三頁）、彼が見た筒井一座の「歌舞伎」も、彼の理想とする民衆劇の形態に近いもので、演劇術も彼を十分満足させるものだったようだ。

歌舞伎俳優が単純素朴な場面でいかに工夫を凝らすかを示すために、メイエルホリドは討論の中で次のような実例を挙げている。

彼の友が殺されました。彼が現われ、茂みの陰から友の顔を見届けます。友は死んでいました。歌舞伎俳優ならどのように演じるでしょう？歌舞伎俳優なら「ご覧ください、この劇的な場面を！この人は私のかけがえのない友でした。その友が殺されたのです。友を失うのはとてもつらいことです。ご覧ください、私はそのような場面をあなた方のために演じるのです」と語りかけておいて、この場面を演じるのです。(13)　〔傍点は引用者〕

この場面は、ある人物が茂みの陰から友人の死を見届け、その悲しみを観客に訴えているところであろう。メイエルホリドが筒井一座を見ているとして、このようなシーンをパリ公演の演目の中で探せば、やはり『影の力』第一場「峠の茶屋」の場面が思い当たる。筒井扮する黒覆面黒装束の日光円蔵が現われて、領主の家来に殺された友人、卯左衛門の死を確かめるような場面があったのではないか。そこで一座の海外各地の公演プログラムを調べたが、該当箇所は見当たらない。ところが筒井は『影の力』の筋立てと酷似した『関東侠客陣・魔暴朧士（まぼろし）の義賊』という芝居を、四年前の一九二六（大正一五）年九月に、東京・浅草の公園劇場で上演しており、その筋書の中に符合する箇所が見つかったのである。

（……）領主は後で沙汰をすると一先おしげを帰す、その場を一同が過ぎやうとする時、

> 庄屋の卯左衛門が駈けつけて願書を出す、松井軍平太は無礼者と卯左衛門を斬るそして財布を奪つて悠々と立ち去る処を**物陰で見てゐた大天狗角太郎は今自分の前で展開された無情な所業を見て**歎き、静かに照らす月を浴びながら帰つて行く、国定村の百姓忠治は野良からの帰り途、卯左衛門の屍骸に跪き（ママ）、父であることを知つて驚く、傍に落ちて居た紙入は大天狗角太郎のものであつた。忠治は独りで決心をきめる。(14)
>
> 〔新漢字以外、原文のままであるが、傍点は引用者〕

言うまでもなく、ここで大天狗角太郎（全身黒装束）というのは、日光円蔵に相当する人物であり、やはり筒井が扮していた。卯左衛門が領主の家来に殺されるのを、大天狗が物陰で見ていて、これを嘆くシーンがあり、その後、忠治が畑仕事から戻ってきて父の死骸につまずくという筋立てになっている。つまり大天狗の振舞いが、メイエルホリドの挙げている「歌舞伎」の一場面にそっくりなのである。またこの問題の箇所の前後も、『魔暴朧士の義賊』と『影の力』とでは非常によく似ている。それどころか筒井一座が渡米早々、手始めにロサンゼルスの大和ホールで邦人相手に上演した『日光円蔵』の場割は、実は『魔暴朧士の義賊』とほとんど変わらなかったのだ（『羅府新報』一九三〇年二月二日）。

そうであれば『影の力』は、『魔暴朧士の義賊』を海外公演用に仕組んだ演目と考えられ、

『影の力』においても、筒井が国内で演じていた、大天狗が卯左衛門の死を嘆き悲しむところを、そのまま日光円蔵の演技として西洋の観客にも見せた可能性が高いと推測できよう。そしてメイエルホリドがこの友人の死を悲しむ筒井の演技を、単純素朴な場面を工夫して演じる歌舞伎役者の優れた演技例と見なしているとすれば、全体を「歌舞伎論」と呼んでもよいこの座員との討論そのものの解釈が、自ずと変わってこざるを得ないだろう。

メイエルホリドは右のインタビューの中で『最後の決戦』の演出に「ことごとく日本の型を取入れた」と述べているが、ドイツの劇評家で筒井一座のベルリン公演を見て称賛した、ヘルベルト・イェーリングが、モスクワにまで足を運んで、この劇を見ており、日本演劇の影響の跡があることを確認していたのである。発端はボリショイ劇場のバレエ『赤いけし』のパロディーで始まり、これを中断して水兵の劇が始まる。二人の水兵は港の酒場で騒いでいるうちに点呼を聞き逃し、裁判にかけられる。最後は壮絶な戦闘場面となり、小数の水兵が国民の犠牲となって死んでいく。イェーリングは伝えている。

この結末がすばらしい。その魅力から誰も逃れることはできないだろう。（……）死の過程が数多くの段階に分けて表現された（それがまたみごとに演じられた）。そして最後の瞬間に、その水兵が止血のために口の中に布を押し込み、倒れながら、痙攣して震える

メイエルホリド演出『最後の決戦』(1931年)最終場面(Konstantin Rudnitsky, *Meyerhold the Director*, Ann Arbor: Ardis, 1981より)

手でその布を口から取り出す。血で真紅に染まっている。

(……)偉大な演出家メイエルホリドは、そこから日本演劇の精神に従ったすばらしい場面を創り出している。(15)(……)

驚くべきことに、この結末について、大阪毎日新聞の馬場特派員もイェーリングとほぼ同じ指摘をしているのだ。馬場は、直接メイエルホリドから「こんどの新作は思ひ切り日本歌舞伎の演出法を採り入れた、最後の場面などは全然さうといつてもよい位だ、是非見てくれ」と誘われて(『東京日日新聞』一九三一年五月二十三日)、国立メイエルホリド劇場で『最後の決戦』を見物し、感想を述べている(同新聞、五月二十五日)。

最後の場面、メイエルホリド氏自身がいふ日本歌舞伎の演出法である――、決死の兵士が壁に決別の辞をのこすあたり、たふれて口から血染のきれをしごくあたり、それとなくうなづかれる。

〔新漢字以外、原文のまま〕

ここで思い出すのは、やはり筒井一座の『影の力』の幕切れであり、筒井扮する円蔵が忠治とその許婚のために犠牲の切腹を遂げるところである。公演プログラムの写真によれば、筒井は座して腹に刀を突き立てている。その後、震える手で腹をかき割き、ついには果ててゆくという過程を細かく演じて見せたようだ。イェーリングは筒井一座評においても、忠治が父の遺体を見つけて苦悩する場面で、「細密を極めた演技、各段階を細分する手法によって、観客は深く心を打たれた」と述べている。(16) 筒井一座との接点については、一例として、現実を精密に観察したものを分解的に、高速度撮影的に強調して表現するこのような技法に、メイエルホリドが一定の刺激を受けた可能性は否定できないだろう。

最後にこれまでにわかっていることを整理したい。メイエルホリドがパリで筒井一座の芝居(彼によれば「歌舞伎」)を見て、その刺激を『最後の決戦』の演出に取り入れたこと、第三章で述べたように、筒井が欧州からの帰途、単身でモスクワに立ち寄り、大阪毎日新聞の馬場特派員と出会っていること、その頃『最後の決戦』が上演されていて、馬場特派員がメ

『影の力』日光円蔵に扮した筒井の切腹場面（第1回ベルリン公演プログラムより）

イエルホリドに誘われてその上演を見、「歌舞伎」の刺激の跡らしいものを確認していること、そしてドイツの劇評家イェーリングも同じ点を指摘していること。これらの事実を総合すると、「メイエルホリドと歌舞伎」という演劇史上の問題について、決して看過することができない関連性が浮かび上がってくるのではないだろうか。

以上のように、西洋の前衛演劇人たちは、筒井徳二郎一座が本物の歌舞伎一行でないことを十分承知していたが、一座の芝居を目の当たりにして、それが逆らいがたいほど魅力的で、刺激的に感じられたのである。識者や在外邦人たちが執拗にこだわったように、それが本格歌舞伎かどうかは彼らには問題ではなく、演劇芸術としての質とその独自性、西洋演劇を改革するための刺激になり得るかどうかが重要であった。

この日本の大衆演劇において、西洋の演劇人たちを惹きつけたのは、単にジャポニスム的な物珍しさなどではなく、素朴な人間のドラマの展開であり、様式的であると同時に生気に満ちた役者の演技だった。コポーとメイエルホリドは稽古の賜物である巧みな俳優術に、ことにコポーは端役にまで認められる演技の確かさに注目しており、デュランは様式的かつ雄弁な身体演技から多くを学ぶべきであると説いた。またコポーは一座に支配する俳優集団の秩序正しさ、芝居に対する役者たちの真摯な姿勢、これらが一座の芝居を内面から支えていることに感動している。そして、元来が旅回りである筒井一座の芝居に、もしも見世物芸的な特色が現われていたとすれば、それを演劇活性化の足掛かりにしようとしていたメイエルホリドにとっては、願ってもないことだったのかもしれない。

要するに、西洋の演劇人たちは、筒井一座の芝居に国家、民族、言語を超えて伝わる、いわば普遍的な演劇芸術の実例と、演劇改革のための一つの有力な手掛かりを見出したのではないだろうか。したがって、当時、演劇伝統を受け継ぎながら、近代化の模索を続けていた日本の大衆演劇、それも旅回り一派の芝居が皮肉にも、近代を克服しようとしていた西洋の演劇人によって、ある意味で演劇の原点を志向するものとして、かつある種の普遍性を持ったものとして受け止められたと言い得るだろう。

注

（1）Jacques Copeau, "Disciplina escénica", *La Nación*, 23 November 1930, in: *Copeau: Texts on Theatre*, edited and translated by John Rudlin and Norman H. Paul. London; New York: Routledge, 1990, pp.256f.

（2）*Copeau, op.cit.*, pp.80f. ("The True Spirit of the Art of the Stage", in: *Vanity Fair*, April 1917, p.49)

（3）*Copeau, op.cit.*, p.49.

（4）Marjaana Kurkinen, *The Spectre of the Orient. Modern French Mime and Traditional Japanese Theatre in the 1930s*. Academic Dissertation, 2000, University of Helsinki, pp.105-113, 208. (http://ethesis.helsinki.fi/julkaisut/hum/taite/vk/ kurkinen/thespect.pdf, 2012/01/04参照)

（5）既述の通り、筒井一座がその後ラトビアのリガで公演中も、仕事で同市を訪れていたラインハルトが、一座の芝居を覗きにきており、その執心ぶりが知られよう。„Max Reinhardt in Riga". In: *Rigasche Rundschau*, 5. Februar 1931.

（6）*Erwin Piscator. Eine Arbeitsbiographie in 2 Bänden. B 1, Berlin 1916-1931*. Edition Hentrich,

Berlin 1986, S.283 f.)

（7）Antony Tatlow, *The Mask of Evil. Brecht's Response to the Poetry, Theater and Thought of China and Japan. A Comparative and Critical Evaluation* (Bern/ Frankfurt am Main/Las Vegas: Peter Lang, 1977), pp.228 and 252.

（8）筆者がこの一九三〇年十月五日付『ベルリン国民新聞』(*Berliner Volkszeitung*, 5. Oktober 1930）の記事を初公開したのは、「筒井徳二郎の海外公演と西洋演劇人の反応――コポー、デュラン、ピスカートア、ブレヒト、メイエルホリドの場合」、『演劇学論集　日本演劇学会紀要』42（二〇〇四年十一月十五日発行）所収、一〇二頁及び一一四頁においてである。その後この新聞記事については、Akira Ichikawa: „Brecht und Japan. Der Weg zum epischen Theater“, in: *Brechts global*, hrsg. von Akira Ichikawa. Matsumotokobo Verlag, Osaka 2015、さらに Tian Tin, *The Use of Asian Theatre for Modern Western Theatre*. Palgrave Macmillan, 2018等が言及している。

（9）Bertolt Brecht, „Über die japanische Schauspieltechnik“, in: *Bertolt Brecht. Werke. Band 21*. Suhrkamp Verlag. Frankfurt am Main 1992, S.391f. und S.750. ブレヒト自身は筒井一座の芝居を見たとも、それに感銘を受けたとも一言も語っていない。なぜかこの点に関して内外の記述に誤りが散見する。

（10）Wsewolod E. Meyerhold: *Schriften. Aufsätze, Briefe, Reden, Gespräche. Zweiter Band 1917-1939*. Henschelverlag Kunst und Gesellschaft, Berlin 1979, S.554. 筆者はこのドイツ語訳に

拠ったが、ロシア語原典（1968）については、元神奈川大学教授の中本信幸氏にご教示賜った。

（11）*Творческое наследие. В.Э.Мейерхольда.* Всероссийское театральное общество, Москва, 1978, стр.117. 当資料も中本信幸氏のご教示による。

（12）Wsewolod E. Meyerhold, *a.a.O.*, S.236.

（13）Wsewolod E. Meyerhold, *a.a.O.*, S.239.

（14）早稲田大学演劇博物館所蔵、大正十五年、浅草・公園劇場、九月興行筋書『新聚劇・筒井徳二郎一座、金井謹之助特別加盟』（九月一日発行）、8頁。

（15）Herbert Jhering: *Von Reinhardt bis Brecht. Bd.III.* Berlin: Aufbau-Verlag, 1961, S.181.

（16）Herbert Jhering, *a.a.O.*, S.181.

エピローグ――宝塚における評価

以上のように、海外二十二ヵ国巡業で大きな反響を呼び、西洋演劇界にも一石を投じて帰国した筒井徳二郎であるが、国内でその功績を認める人は少なかった。その中で、筒井が海外で取った日本演劇の大胆な上演方法を真っ先に評価したのは、宝塚少女歌劇（以下「宝塚」と略す）の脚本家・演出家、坪内士行である。それと共に筒井一座の帰朝記念公演が宝塚中劇場で行われることになる。坪内は坪内逍遙の養嗣子として、幼少の頃より日本の歌舞音曲、伝統芸能の実技と理論をみっちり仕込まれ、また長年欧米を遊学して西洋演劇にも造詣が深く、西洋の舞台にも立った経験があった。

しかし坪内が筒井を評価したのは、そのような素養からだけではなかったようだ。数年前、宝塚で渡米公演が計画されたことがあった。昭和二年春、欧州視察を終えた宝塚の脚本家・岸田辰弥がアメリカに立ち寄り、伊藤道郎の紹介で、ニューヨークの大物興行師、レイ・コムストックに会い、宝塚側の希望を伝えた。翌三年六月にコムストックが来日、同劇団の演し物を検分した結果、全体としてはアメリカ公演に不適当との判断を下した。その後も宝塚側は交渉を重ねたが、結局、時期尚早として、渡米公演は中止となったのだ。

昭和四年秋頃、筒井一座の渡米公演の話が持ち上がった。坪内は筒井から海外での演し物について相談を受け、助言をした。その際、宝塚を下見したコムストックの見解を思い出したに違いない。そして伊藤道郎が日米興行社長に頼まれて筒井一座のニューヨーク公演の交渉に当るが、相手の興行師がコムストックその人だった。

以上の経緯があって、筒井徳二郎が欧米二十余ヵ国を巡り、成功して帰って来た。坪内ら宝塚関係者が強い関心を抱いたのも当然であろう。

壮年期の坪内士行(『大阪時事新報』昭和9年1月7日より)

坪内は宝塚の創設者の小林一三と共に、江戸歌舞伎に代わる新しい時代の「国民劇」を模索していた坪内は、歌舞伎に対して既成の観念に囚われない考え方を持っていた。彼によれば、民衆劇としての歌舞伎は、能や文楽と違い、本来、多様な「非専門的」技芸を寄せ集めた「未完成芸術」で、この五目煮

挿絵。日本舞踊もお手の物の坪内士行（『関西日報』昭和6年4月7日より）

の形態にこそ独特の魅力があるというのだ（「非専門的な歌舞伎劇」、『宝塚国民座』昭和三年十一月号と「歌舞伎の輸出」、『東宝』昭和十二年四月号）。

歌舞伎の海外公演に際しては、思い切ったアレンジメントをすべきだとする彼の主張は、この辺りに根拠がありそうだ。筒井の帰国後、坪内は新聞に「日本演劇の海外進出について」（上・下）というエッセイ（『大阪朝日新聞』昭和六年五月二十日〜二十一日）を書いた。

日本演劇の海外進出とか紹介とかいふ問題は、ひいてはやがて日本演劇の改修や、将来の国民演劇の創成といふことゝ関連する問題であつて、決して単なるブローカー式の仕事として等閑に付すべきことではない。なぜならば、日本の伝統や古典に委しくない外国人に日本の演劇の妙味を伝へるのと、日本のこれからの観衆、即ち外国人とほゞ同程度に今までの伝統や古典芸術にうとい新時代の日本人に新しい劇を与へるのとは、同等な注意と修正が行はれてよいと考へるからである。（……）

であるから、万一猿之助などが海外へ進出する場合は、金銭の問題などは出来るだけ妥協して、ひたすら何をどういふ風にアレンヂして持つて行くかに全力を注ぐのが当然だと思ふ、最近帰朝した筒井徳二郎一座は、欧米二十二ケ国で非常に歓迎され成功したもので、彼が出発前には私も出し物の相談にあづかつた者の一人であるが、例へば「静忠信」を演ずるにしても、静の舞の如きは二の次として、時には全然これを省略し忠信の狐踊りを心とし、捕手は悉く女優で、これが揃つて化かされてフオックス・ダンスをするといふ趣向の如き、また、「太十」を演じては、まず光秀の一家族を舞台に並べて紹介し、(1)浄瑠璃の文句も白の一部として俳優が自らいふといふほどの大胆なやり方、それらは頗る当をえたやり方であると思つてゐる。〔新漢字以外、原文のまま＝引用者注〕

ここで坪内は海外公演について重要な指摘を行っている。すなわち日本演劇を海外に紹介するという事業は、ただ単に自国の珍しい文化を見世物として外国人の観覧に供し、国際親善を図るということに尽きるのではない。海外公演を行うということは、同時にわれわれの日本演劇の改革を推進し、あるいは新しい時代の国民劇を準備、創成するための有益な指針や示唆を得ることになるというのである。予備知識のない外国人に日本の伝統演劇を見せるには、彼等が奇異の念を起こし、彼等の理解し難いところを修正、削除したり、演し物の仕組みを構成し直したりする必要がある。そうしなければ、外国の観客に日本演劇の独特の「妙味」を伝えることは不可能だと考える。一方、日本の古典演劇は自国の伝統文化でありながら、これからの日本人にとっては、予備知識を持たない外国人と同様、いよいよ異文化となっていくのであり、彼等に伝統文化を踏まえた新しい国民劇を提供するためには、海外公演と全く同様の視点からの改修が必要とされるというのである。

同じく宝塚の作家、坪井正直も、坪内と同様の立場から川上音二郎、花子、遠山満、筒井徳二郎等の海外公演を取り上げてその意義を評価し、彼等の取った上演方法が、今後、未来の日本演劇の姿として蘇ってくる可能性があると、以下のように述べている（「カブキの逆輸入」、『歌劇』昭和六年八月号）。

如何に外国人の理解を得るためとは云へ、乱暴な処もないではないが、私はこれ等を、只イカモノとか、インチキとか云ふ言葉で直ぐに退けて仕舞ひたくないのである。何故なら文楽座を見た女学生の一団には「太閤記十段目」も、何の感銘処か意味が判らなかつたと云はれている。（……）

世界思潮は、科学は、芸術は、あらゆる国境を叩きこはしてゐる今、我等の歌舞伎劇が、こうした改作に依つて、その出産した国土に再誕しないとは誰が云ひ得よう。乱暴と思はれた彼等の演出が、やがて次第次第に歌舞伎劇変遷の一段階として私達に接近して来るのではなかろうか。

〔新漢字以外、原文のまま＝引用者注〕

さらに筒井の帰国後五年が経過した昭和十一年から翌年にかけて、六代目尾上菊五郎の渡欧公演の話が持ち上がった折も、坪内（当時は東宝籍）は、川上や筒井の方法を取り上げて評価し、六代目の渡欧の無意味さを説いた（「歌舞伎の輸出」、『東宝』昭和十二年四月号）。例えば六代目が得意とする『道成寺』は、日本人でも退屈するのに、それをそのまま西洋人に見せるのはもってのほかとして、次のように述べている。

歌舞伎劇は或意味では浪花節に似て、どうにでも融通のきく寄せ集めの未完成芸術らしい点のある所が特長でもあるので、「忠臣蔵」にさへ偏智奇論がある程スキだらけの劇であつて見れば、既成の形式をそのまゝ踏習（ママ）しなければ其の「尊厳」を傷つけるわけのものでは決してない。川上、筒井、あに一言に貶しさらるべけんやである。

〔新漢字以外、原文のまま＝引用者注〕

宝塚の坪内らがなぜこれほどまでに海外における川上や筒井の上演方法を評価するのか。それはすでに触れたように、創設者の小林一三、及びそのブレーンの坪内らが開発しようと試み

帰朝記念公演『世界膝栗毛』(『大阪日日新聞』昭和6年7月23日より)

帰朝公演宣伝マッチのラベル(筆者蔵)

ていた、新時代の国民劇や歌舞伎レヴューの構想と通底するところがあったからだろう。この構想は大正から昭和初期にかけて登場した新しい大衆社会の動向とモダニズムに呼応していた。宝塚は当初より少女歌劇の一方で、明治以来、民衆から遊離して、一部特権階級や好事家の占有娯楽になっていた旧歌舞伎に代わって、一般大衆が安い料金で楽しめる新しい国民劇の創成を目指していた。それは古い歌舞伎が使っていた浄瑠璃を廃して、普及しつつある洋楽を採用し、他方、昔から日本人の好む歌舞劇の形式は保持しようというものだった。坪内は小林への公開書簡「小林氏へ」(『歌劇』一九二四年五月号）の中で、次のように述べている。

私もあなたも将来の国民劇が西洋音楽を伴奏とする新歌舞劇であらうと云ふ点についてては一致しております。日本の国民は所謂大歌劇の形式にも満足しまい、舞踊劇にも満足しまい、よし、してもそれは比較的少数の人々であつて、多数は歌も舞も自由に取り入れた「歌舞劇」を喜ぶであろう。その形式をうまく使ひこなしうる優れた作家こそ将来の近松であり黙阿弥であらう。

筒井徳二郎は帰朝記念公演（昭和六年七月）を宝塚中劇場で行った。演し物の一つ、漫談レヴュー『世界一周膝栗毛』は、海外における筒井一座のモダン・カブキのさわりと珍道中を洋楽、ダンス入り（因みにニューヨーク公演で二百人の踊子が協力出演）で面白く組み合わせたもので、宝塚の国民劇構想に沿うものだった。筒井の海外での成功と共にこの帰朝記念公演が、坪内の創作活動に刺激を与えたことは十分に考えられる。なぜなら昭和六年以降、数年にわたり『変化雛』、『那須野』、『忠臣蔵』、『鬼子母神』、『狐忠信』、『二人傀儡師』、『春のおどり』等の歌舞劇や歌舞伎レヴューが坪内によって次々に制作され、宝塚の舞台に掛けられたからだ。特に歌舞伎レヴュー『忠臣蔵』（昭和七年）の諸場面は、筒井が海外で試みた新工夫や、帰朝

歌舞伎レヴュー『忠臣蔵』①、右ら常盤君子と高根雪子の赤穂義士(『歌劇』昭和7年3月号)

歌舞伎レヴュー『忠臣蔵』②、右から小笠原和子のお軽、田鶴園子の勘平、村雨まき子の伴内(『歌劇』昭和7年3月号)

記念公演の奇抜な漫談レヴューを髣髴させるものがあったようだ。西洋の観客や前衛演劇人たちが、筒井徳二郎の芝居を見て称賛したのも、まさにこのような、レヴュー的で、シアトリカリティーと身体表現を中心とした「見せる芝居」であり、宝塚の坪内らによる筒井評価も同様の観点に立つものであったと言えよう。

注

（1）二〇〇四年七月、中村勘九郎（後の十八代目中村勘三郎）の平成中村座が、ニューヨークにおいて『夏祭浪花鑑』（串田和美演出）を公演し、歌舞伎の原点に立ち返る大胆な演出で成功を収めた。その幕開きで意表を衝くＤＪ風の登場人物紹介を行ったことが、観客にこれから始まるドラマへの期待を抱かせ、効果的だったという。「紐育二〇〇四夏祭浪花鑑詣」、『演劇界』二〇〇四年十月号、六七頁参照。この点ばかりでなく、筒井の海外公演の方法は、ある意味で、七十数年後の勘九郎のニューヨーク公演の姿勢を先取りしているように思えてならない。

あとがき

筒井徳二郎という役者が一座を率いて、昭和五年から翌年にかけ欧米二十余ヵ国で公演を行い、王侯貴族から一般庶民に至るまで、何十万もの人々に感銘を与えたばかりでなく、著名な演劇人たちも一座の芝居に啓発されていたことがわかってきた。これだけの功績を残しながら、その名が今日に伝わっていないのは不思議というほかない。[1] 筒井徳二郎とは一体どのような役者だったのか。

筒井は大阪生まれで、関西では古くから知られた新派役者だった。若い頃は朝鮮、満州、台湾等、外地を巡業して多くの役者と出会い、創作劇、翻案物、喜劇、歌舞伎に至るまで、あらゆるジャンルの芝居を演じて、修業を積んだ。特に大正後期、剣劇団の座長として京阪神、中京、九州において目覚しい活躍をし、大衆的な人気を博した。注目すべきなのは、筒井が関西劇界ではどんな芝居もこなす多芸多才の役者、かつ芝居の生き字引として通っていて、普段から歌舞伎も新解釈で上演していたということだ。

このような経歴を持つ筒井が、ロサンゼルスの日米興行株式会社の招待で、一座を引き連れて渡米し、欧州にまで足を延ばすことになる。欧州巡業も一貫して同社の事業として行われた。しかし招待とはいえ、筒井たちは芸達者ながら、国を代表するような役者ではない。西日本で活動していた旅回りの新派・剣劇役者だったのであり、言わば国内の旅興行の延長として海外各地を巡ったわけである。しかもあの世界恐慌の吹き荒れる最中である。それにもかかわらず、筒井一座が各地の要請に応えて経巡った公演地の多さと反響の大きさには驚嘆すべきものがある。実に筒井一座以降、令和の今日に至るまで、一度にこれだけの規模で海外巡業を行った例はほかにない。国が派遣した芸術使節でもないのに、世界恐慌下に幾多の困難を乗り越えて二十余ヵ国、七十余ヵ所を回る巡業をやってのけ、各地で大きな反響を得、国際親善にも少なからず貢献していたのである。

では何故に地方で活動していた役者の一座が海外各地でそれほどの反響を得ることができたのか。一つには、筒井をはじめ一座の主要な役者たちは、当時の日本でメジャーな演劇ジャンルだった新派・剣劇の実力者として活躍し、一般大衆の心を摑む生きた演技術を身に付けていたということ、しかもその生きた演技術が国を越え、言語の壁を越えて西洋人にも通じたということであろう。二つには、筒井一座が海外公演用に用意したレパートリーの特色である。すなわち歌舞伎の焼き直しと剣劇だったが、日本的な題材でエキゾチシズムを漂わせると共に、合理的で筋の通った、予備知識のない外国人にもよく理解できる脚本を用意したことである。その際、台詞より身体演技を重視した黙劇化、作品のレヴュー化、公演時間の短縮などの工夫も効果があったに違いない。このように歌舞伎を改変して上演したが、それは座長の筒井が歌舞伎に無知故ではなく（実際は知る人ぞ知る歌舞伎通だった）、当時の海外においてはそうする必要があったからである。

さらに、何と言っても当時の演劇事情が幸いしたことは確かであろう。川上音二郎・貞奴一座、花子一座以来、久しく時間が経ち、特に一九二八年の二世市川左團次の訪ソ公演後、西欧社会では日本演劇の来訪が強く待ち望まれていた。中村鴈治郎、市村羽左衛門、市川猿之助等による歌舞伎の欧州公演が次々に計画されたが、どれも実現には至らなかった。そこへアメリカ経由で筒井一座がカブキと剣劇を提げて登場したわけである。さらに二十世紀初頭以来、行き詰まったリアリズム演劇を克服すべく、前衛演劇人たちは様々に演劇改革を試みてきたが、一向に成果が上がっていなかった。そのような折に筒井一座が欧州に現われ、彼らは日本の異文化演劇から改革のための新たな刺激を汲み取ったというわけである。

そして今一つ忘れてならないのは、当時は興行師の力が物を言ったということであろう。かつての川上一座や花子一座の場合もそうであった。国同士が交渉して、文化外交として行う海外公演ではないのである。各国の主要劇場は二、三年先まで公演予定が決まっており、そこを何とか調整させて一座の公演をねじ込むわけだから、よほど腕利きの興行師でないとかなわない。筒井は幸運にもそのような有力興行師たちに出会うことができた。興行師は観客の嗜好を弁えているものであり、一座は彼らの目利きに合格し、期待にたがわず、各地の劇場を軒並み満席にして、興行的にも成功をもたらしたのである。

ところで、海外の観客が筒井一座の芝居を見て感銘を受けたと言っても、筒井たちは本物の歌舞伎役者ではなかったのだから、それは誤解にすぎないという見方が当時からある。紛い物の歌舞伎だったというわけである。しかし海外の観客は、この本物かどうかということに日本人ほどこだわってはいなかった。彼らは筒井一座が提供する日本の芝居を、先入観なしに、自分の目で見て鑑賞したようだ。筒井たちの芝居は一定の水準を備えたプロの芝居であるだけに、外国人から見ても十分に見応えがあるものだったに違いない。つまり西洋人から見て、演劇として刺激的で面白かったということであり、その場合、舞台に立つ筒井たちの確かな演技力なしには考えにくいわけである。逆説的であるが、旅回りであったからこそ、そのエネルギッシュな演技で海外の人々を、そしてコポーやメイエルホリドのような前衛演劇人たちをも魅了したのではないだろうか。

今日、日本の芝居を海外で演じるのに歌舞伎役者でなければならないという必然性はなくなっている。十八代目中村勘三郎が幾度も海外公演（串田和美演出）で証明したのは、本物の歌舞伎役者による公演というより、現代人及び外国人にも通じる普遍的な演劇を創造して見せることが重要であるということである。小著の冒頭で、歌舞伎名門の尾上九朗右衛門がなぜ旅回りの新派・剣劇役者の海外公演にそれほどまでにこだわり続けたのかという疑問を投げかけておいたが、この辺りにその答えがありそうな気がしている。すなわち、病気のためにやむなく歌舞伎の舞台から離れ、長年にわたってアメリカの大学で教鞭をとることになったが、その際、西洋人に日本の伝統演劇の本質を伝えることがいかに難しいことか、身をもって体験したからではないだろうか。異文化の壁なのだ。九朗右衛門はこの過程で、戦前にニューヨークで行なわれたという筒井徳二郎の歌舞伎公演に強い関心を持つようになり、その先駆的な試みと異国での公演の苦労に思いを致した数少ない日本人の一人だったと思うのである。

博士論文を元に『筒井徳二郎　知られざる剣劇役者の記録』（彩流社、二〇一三）を出版後、何人かの方から、ある程度一般の読者も対象にしたダイジェスト版を出してはどうかとお勧めいただいた。今ではすっかり忘れられた役者であるが、昭和初期に二十余ヵ国を巡り、演劇の異文化交流と国際親善に貢献していたことを、小著を通じて一人でも多くの方に知ってもらえたらと願うばかりである。

最後に謝辞を申し述べたい。原稿作成の過程で芸能史家の倉田喜弘氏からいろいろご親切な助言を賜った。比較芸能史研究の諏訪春雄氏には、主催する民族文化の会で何度か発表させていただき、この度は勉誠出版へご紹介いただいた。お二人のご尽力に心から御礼申し上げたい。本書の出版に当っては、勉誠出版池嶋洋次社長のご英断とご尽力に深謝するとともに、お世話くださった編集部の武内可夏子氏に感謝の言葉を申し上げたい。

令和二年盛夏　　足柄平野にて

田中徳一

注

（1）筒井徳二郎について、最近、わずかながら海外で関心が持たれるようになってきた。例えば元パリ第七大学教授Jean-Jacques Tschudinによる紹介論文が以下のウエブサイトで公開されている。
フランス語論文：https://journals.openedition.org/cipango/1901
その英訳：https://journals.openedition.org/cjs/1168

筒井徳二郎略歴

年号・（西暦）・齢	略歴
明治一四（一八八一）〇	大阪新町の芸者、辻村与里を母として生まれる。父は大阪北区の材木商（京徳）、十七代目筒井徳右衛門。本名は徳治郎。
明治一五（一八八二）一	父、徳右衛門の籍に入籍。
明治三〇（一八九七）一六	奉公先を抜け出し、京都で芝居の一座に潜入が発覚、廃嫡となる。
明治三一（一八九八）一七	この頃、関西新派の福井茂兵衛に入門。
明治三三（一九〇〇）一八	大阪・弁天座、佐藤歳三一座の『盲唖院』出演、芸名は千島小二郎（初出）。
明治三七（一九〇四）二三	日露戦争に歩兵として従軍、南山の戦いで九死に一生を得る。戦功により勲七等瑞宝章を受ける。
明治三八（一九〇五）二四	成美団に入り、大阪・朝日座に出演。共演者に福井茂兵衛、秋月桂太郎、喜多村緑郎、小織桂一郎、山田九洲男等がいた。
明治四〇（一九〇七）二六	朝鮮に渡り、小喜多村五郎の若葉会に加入。のち二葉会なる一座を率い、大正二年頃まで朝鮮、満州、台湾の各地を巡る。この間、数多くの役者と出会い、新派の創作劇、翻訳物や翻案劇、喜劇等、様々な芝居を演じ、修業を積む。例えば『己が罪』『乳姉妹』『新ハムレット』『オセロ』の他、『絵本太功記』『寺子屋』等の歌舞伎にまで手をつける。
大正四（一九一五）三四	都築文男、花園薫等と神戸・多聞座に出演。笹川シカと結婚。
大正五（一九一六）三五	笹川シカと協議離婚。この頃から数年、山田九洲男一派の連鎖劇に出演。
大正八（一九一九）三八	筒井徳二郎に改名。国松一の自然座を経て、大阪・弁天座で新派劇団・新声劇（松竹専属）を旗揚げし、『或る伝説の家』を上演。創立メンバーに関西新派の花村幹雄、芸術座出身の辻野良一、三好栄子等がいた。
大正九（一九二〇）三九	大磯エイと結婚。新声劇は澤田正二郎の新国劇を脱退した中田正造、小川隆等が合流、『出世鳶』『荒木又右衛門』等を演じる剣劇専門劇団に。

大正一〇（一九二一）四〇	新声劇で人事主任を担当。間もなく派閥争いから同劇団を脱退。
大正一二（一九二三）四二	剣劇の一座を旗揚げ、昭和二頃まで京阪神・中京・九州等で活躍する。この頃の筒井一座に浦辺粂子（当時は静浦千鳥）がいた。『旭旗風』（近藤勇）『江藤新平』『大石内蔵之助』『河内山宗俊』等、講談や歌舞伎に新工夫した幕末維新史劇や髷物を得意とし、新国劇以上に激しい立ち回りで評判をとる。
昭和三（一九二八）四七	大阪・弁天座公演から、山口俊雄等の新潮座（松竹専属）に加入。
昭和四（一九二九）四八	山口が抜け都築文男が入り、新潮座は新潮劇と改称。弁天座や角座で新派劇を打つ。新潮劇には若き日の浪花千栄子や三益愛子（水町清子）がいた。
昭和五（一九三〇）四九	ロサンゼルスの興行会社の招待で、翌年にかけ一年三ヵ月、剣劇やカブキを提げ欧米二十余ヵ国を巡って反響を呼び、「世界の剣劇王」と称される。
昭和六（一九三一）五〇	海外巡業から戻り、宝塚中劇場で帰朝記念公演を行う。その後、国内での活動を再開するが、渡航前ほどの勢いがなくなる。
昭和七（一九三二）五一	大阪・新世界ラジウム温泉劇場で二ヵ月公演を打つ。演目に『モダン安兵衛』なるものが混ざっていて、海外巡業の成果が見える。
昭和八（一九三三）五二	名古屋・御園座で熊谷武雄、都築文男、武村新、伊川八郎、和歌浦糸子等と『生さぬ仲』『琵琶歌』等の新派劇に出演。再び新世界温泉劇場で曾我廼家鶴亀、曾我廼家蝶々と一ヵ月公演。
昭和九（一九三四）五三	名古屋・宝生座で、曾我廼家五九郎と共に弟子の三桝清（海外巡業に同行）一派に出演。名古屋・歌舞伎座で河部五郎、酒井米子の合同劇に参加、『月形半平太』において一文字国重を演じる。
昭和一五（一九四〇）五九	名古屋・宝生座で小栗武雄一座、阪東勝太郎一座等と交替に組んで出演。
昭和一六（一九四一）六〇	溝口健二監督の映画『元禄忠臣蔵』に、大野九郎兵衛役で出演。
昭和二〇（一九四五）六四	空襲で大阪天王寺の自宅が全焼、京都の嵯峨嵐山に移住。
昭和二八（一九五三）七一	再生不良性貧血症で死亡。

2.6	ポーランド入国。
2.7 ～9	ワルシャワ、国立大オペラ劇場で公演。
2.10 ～11	ダンツィヒ、シュッツェンハウス(射撃協会会館)で公演。
2.12 ～13	ポズナン、大劇場で公演。
2.14 ～15	ウッヂ、市立劇場で公演。
2.16	ワルシャワ再公演、国立大オペラ劇場で。
2.17 ～19	クラクフ、市立スウォヴァツキ劇場で公演。
2.20 ～21	ルブフ、大オペラ劇場で公演。
2.23	ルーマニア入国。
2.23 ～24	チェルナウツィ、国民劇場で公演。
2.25 ～27	ブカレスト、エフォリア座で公演。
3.2	ブラショフ、アストレル・ホールで公演。
3.3	クルージュ、マジャール劇場で公演。
3.6	ユーゴスラビア入国。
3.8 ～11	ベオグラード、国立新劇場(3.8～9)及びヴラチャル劇場(3.10～11)で公演、皇后と皇太子妃に拝謁。
3.13 ～15	ザグレブ、国立大劇場(3.13～14)及び国立小劇場(3.15)で公演。
3.16	リュブリャーナ、国立劇場で公演。
3.17	イタリア入国。
3.17 ～19	トリエステ、ヴェルディ劇場で公演。
3.22	筒井徳二郎を除き、一行は日本郵船の榛名丸にてナポリを出帆、帰途に就く。筒井は単身、モスクワへ向かい、シベリア経由で日本へ。
4.6	一行、コロンボに寄港。
4.15	筒井、下関に到着。
4.21	一行、上海に寄港。
4.23	一行、神戸に入港。

田中徳一作成

11.5 ～7	ウィーン、新ウィーン座(現在のフォルクス・オーパー)で公演。
11.8 ～10	ミュンヘン、シャウシュピールハウスで公演。
11.11	アウクスブルク、市立劇場で公演。
11.12 ～13	シュツットガルト、州立劇場で公演。
11.15	フランクフルト、シャウシュピールハウスで公演。
11.16	ドレスデン、アルベルト劇場で公演。
11.18	ケルン再公演、オペラハウスで。
11.19	マンハイム、国民劇場で公演。
11.21 ～23	ハーグ、学芸会館で公演。
11.28	この日よりスイス、シャフハウゼンのホテルに滞在、新しい狂言を仕込む。
12.3	シャフハウゼン、イムトゥルノイム劇場で公演。
12.12	スイスよりイタリア入国。
12.15 ～16	ミラノ、リリコ劇場で公演。
12.18	トリノ、トリノ劇場で公演。
12.20 ～21	フィレンツェ、ペルゴーラ劇場で公演。
12.22 ～23	ローマ、ヴァッレ劇場で公演。
	イタリアではその他、ジェノヴァ、サンレモを巡業。
1931.1.3	イタリアよりブレンナー峠を越えてオーストリアへ。
1.8 ～15	ベルリン再公演、ノレンドルフプラッツ劇場にて。この公演中、座員・菊地靖祐が肺炎のため死去。
1.17 ～18	ケーニッヒスベルク、ノイエス・シャウシュピールハウス。
	この後、リトアニア、ラトビアを通過。
1.20 ～22	エストニアのタリン、エストニア劇場で公演。
1.23	タリン出発、ヘルシンキ到着。
1.24 ～30	ヘルシンキ、スウェーデン劇場で公演、大統領観劇。
1.31	ヘルシンキ出発。
2.1 ～5	ラトビアのリーガ、国立オペラ座で公演。

6.21	ロンドン到着。
6.24 〜 7.5	グローブ座で公演。高松宮殿下妃殿下のロンドン御訪問を奉迎する在留邦人のパーティに参加。
7.6	ロンドン出発。
7.10 〜15	バルセロナ、博覧会場で公演。スペイン皇太子が御観覧。
	その後、シーズンオフにつきパリに滞在。
8.18 〜 9.8	パリ再公演、アポロ劇場にて。
9.10	スイス入国。
9.12 〜18	ジュネーブ、クーアザール(保養所大ホール)で公演、大統領と国際連盟加盟53ヵ国の代表者が観劇。
9.20	ローザンヌ、グランテアトルで公演。
9.22 〜23	チューリッヒ、シャウシュピールハウス(劇場)で公演。
9.26	ルツェルン、市立劇場で公演。
10.1	ベルリン到着。
10.3 〜9	ベルリン、西部劇場で公演。
10.10 〜12	ハンブルク、シャウシュピールハウスで公演。
10.14	ケルン、オペラハウスで公演。
10.15 〜16	デュッセルドルフ、オペラ劇場で公演。
10.17 〜20	ベルリン公演？
10.22	カッセル、国立劇場で公演。
10.23 〜24	ライプツィッヒ、シャウシュピールハウスで公演。
10.27	ケムニッツ、オペラハウスで公演。
10.29 〜 11.1	プラハ、新ドイツ劇場で公演、王妃が御観覧。
11.2 〜4	ブダペスト、市立劇場で公演。

筒井徳二郎一座海外巡業日程

1930.1.14	筒井徳二郎一行22名、日本郵船の大洋丸で横浜を出帆。ロサンゼルスの日米興行株式会社の招聘。
1.23	ハワイに寄港、日米興行のハワイ支社に挨拶。
1.29	サンフランシスコに到着。
1.30	ロサンゼルスに到着。
2.1 ～3	大和ホールで在留邦人向け公演。
2.10 ～16	フィゲロア劇場で米人向け公演。
2.25	列車でロサンゼルスを出発。
3.1	ニューヨークに到着。
3.4 ～14	ブロードウェイのブース劇場で公演。同地で公演中の京劇の梅蘭芳と競合。
4.10頃	フォックス社の手で一座の全作品をトーキー映画に撮影。
4.11 ～17	ロキシー劇場で公演。
4.18	イル・ド・フランス号にてニューヨーク出帆。
4.25	ル・アーブルに上陸、大西洋横断列車でパリに到着。
4.28	文部・美術省及び美術発展・交流協会が歓迎レセプションを開催。
5.2 ～18	ピガール座で公演。
5.27 ～28	リエージュ、王立劇場で公演
5.30 ～ 6.1	アントワープ公演。
6.2 ～7	ブリュッセル、ギャルリー劇場で公演。
(6.9)	(筒井一座を招いた日米興行の安田義哲社長が、ロサンゼルスの自宅前で銃殺される。)
6.10 ～12	オスロー、新劇場で公演。国王ハーゲン7世、皇太后が御観覧。
6.13 ～15	ストックホルム、ドラマーテン劇場で公演。皇太子が御観覧。
6.17	コペンハーゲン到着。
～18	ダグマー劇場で公演。
6.20	デンマーク出国。

著者プロフィール

田中徳一（たなか・とくいち）

1949年、和歌山県生れ。日本大学大学院文学研究科博士課程で独文学を専攻。日本大学文理学部専任講師、助教授を経て、国際関係学部教授、大学院国際関係研究科教授、国際関係学部図書館長。現在は大学院国際関係研究科非常勤講師。専門は比較演劇（史）。博士（国際関係）。日本比較文学会、日本演劇学会、国際文化表現学会等の会員。
主な著訳書に『東西演劇の出合い』（新読書社、1993年）、『演劇は異文化の架け橋』（栄光出版社、1998年）、『日米演劇の出合い』（新読書社、2004年）、『筒井徳二郎　知られざる剣劇役者の記録』（彩流社、2013年）、『ドイツの歌舞伎とブレヒト劇』（えにし書房、2015年）等がある。

ヨーロッパ各地で大当たり

剣劇王　筒井徳二郎

2020年9月30日　初版発行

著　者　田中徳一

発行者　池嶋洋次
発行所　勉誠出版株式会社
〒101-0051　東京都千代田区神田神保町 3-10-2
TEL：(03)5215-9021(代)　FAX：(03)5215-9025
〈出版詳細情報〉http://bensei.jp

印刷・製本　中央精版印刷

ISBN978-4-27057-7　C0074

浅草文芸ハンドブック

浅草を舞台とした小説や映画、演芸、浅草にゆかりのある人物を中心に、明治から現代までの浅草、あるいは東京の文化が形成される軌跡を辿る。

金井景子・棚沢健・能地克宜・津久井隆・上田学・広岡祐 著・本体二八〇〇円（＋税）

東アジア古典演劇の伝統と近代

近代の日本および東アジアの伝統演劇を「変容」「変化」という視点から具体的に論じ、「伝統の相対化」や「文化の動態把握」という高次の問題についての見通しを示す。

毛利三彌・天野文雄 編・本体二八〇〇〇円（＋税）

鍬形蕙斎画 近世職人尽絵詞
江戸の職人と風俗を読み解く

松平定信旧蔵にかかる名品全篇をフルカラーで掲載し、文学・歴史・美術史・民俗学など諸分野の協力による詳細な絵解・注釈・論考を収載。近世文化研究における基礎資料。

大高洋司・大久保純一・小島道裕 編・本体一五〇〇〇円（＋税）

前田育徳会尊経閣文庫所蔵
七十一番職人歌合

諸種多様な職人の風俗を絵画と和歌で描き出し、中世日本の人々の営みを伝える最善本を全編フルカラーで紹介。当時の歴史・文化・技術・風俗研究における貴重資料。

前田育徳会尊経閣文庫 編・本体一二五〇〇〇円（＋税）

カラー百科◉見る・知る・読む
能五十番

五十番それぞれの名場面をフルカラーで紹介。あらすじ・背景やみどころなどを詳説。扇・小道具・橋掛り・謡本・鏡の間など、理解を深めるコラムも収録。

小林保治・石黒吉次郎 編著・本体三二〇〇円（＋税）

カラー百科◉見る・知る・読む
狂言七十番

厳選狂言七十番、フルカラーで一曲一曲を丁寧に解説。鮮やかな古図と現代の演出を見比べ、時代の変遷を辿る。人間国宝、野村萬・野村万作の時代の証言を聞く。

田口和夫 編・本体三二〇〇円（＋税）

カラー百科◉見る・知る・読む
能舞台の世界

各流派の宗家や名人、研究者などによる解説とカラー写真で全国の能舞台・能楽堂を紹介。能舞台の歴史、建築様式、鏡板や舞台裏までわかる概説編も収載。

小林保治・表きよし 編／石田裕 写真監修
本体三二〇〇円（＋税）

謡曲画誌
影印・翻刻・訳註

江戸中期における謡曲理解・享受の実態を残す『謡曲画誌』。漢籍を多数引用した儒教的・啓蒙的な著述と、狩野派の絵師、橘守国・有税の挿絵を施した貴重資料。

小林保治・石黒吉次郎 編・本体一五〇〇〇円（＋税）

江戸庶民の読書と学び

当時の啓蒙書や教養書、版元・貸本屋の記録など、人びとの読書と学びの痕跡を残す諸資料の博捜により、近世における教養形成・書物流通の実情を描き出す。

長友千代治 著・本体四八〇〇円（＋税）

江戸時代生活文化事典
重宝記が伝える江戸の智恵

学び・教養・文字・算数・農・工・商・礼法・服飾・俗信・年暦・医方・薬方・料理・食物等々、江戸時代に生きる人々の生活・思想を全面的に捉える決定版大事典。

長友千代治 編著・本体二八〇〇〇円（＋税）

紙の日本史
古典と絵巻物が伝える文化遺産

長年の現場での知見を活かし、さまざまな古典作品や絵巻物をひもときながら、文化の源泉としての紙の実像、そして、それに向き合ってきた人びとの営みを探る。

池田寿 著・本体二四〇〇円（＋税）

書物学 第1〜18巻（以下続刊）

これまでに蓄積されてきた書物をめぐる精緻な書誌学、文献学の富を人間の学に呼び戻し、愛書家とともに、古今東西にわたる書物論議を展開する。

編集部 編・本体一五〇〇円（18巻のみ一八〇〇円）（＋税）

お伽草子超入門

お伽草子の代表的なテーマである妖怪、異類婚姻、恋愛、歌人伝説、高僧伝説など六つの物語を紹介。読みやすい現代語訳、多数の図版とともに読み解く。

伊藤慎吾 編・本体二八〇〇円（+税）

忍者の誕生

忍者の実像とはどのようなものなのか？　忍術書・忍具、アジア圏の忍者の小説・マンガなども紹介するとともに、現代でも衰えない人気を誇る「忍者」を解明する。

吉丸雄哉・山田雄司 編・本体三六〇〇円（+税）

古典文学の常識を疑う

万葉集は「天皇から庶民まで」の歌集か？　源氏物語の本文は平安時代のものか？　春画は男たちだけのものか？未解明・論争となっている五十五の疑問に答える。

松田浩・上原作和・佐谷眞木人・佐伯孝弘 編
本体二八〇〇円（+税）

古典文学の常識を疑うII
縦・横・斜めから書きかえる文学史

「令和」は日本的な年号か？江戸時代の人々は怪異を信じていたのか？三島由紀夫は古典をどう小説に生かしたか？定説を塗りかえる五十七のトピックスを提示。

松田浩・上原作和・佐谷眞木人・佐伯孝弘 編
本体二八〇〇円（+税）

ビジュアル資料でたどる
文豪たちの東京

文豪たちの生活の場、創作の源泉としての東京を浮かびあがらせる。東京が舞台の作品紹介、原稿や挿絵、文豪の愛用品などの写真多数掲載。文学館ガイドを付す。

日本近代文学館 編・本体二八〇〇円（+税）

漱石文体見本帳

多彩な表現をあやつる「文章家」としても読者から愛された夏目漱石。漱石の小説文体を十に分類。具体的な文例を味わいながら、その効果と背景をわかりやすく紹介。

北川扶生子 著・本体二八〇〇円（+税）

日本ＳＦ誕生
空想と科学の作家たち

小松左京・星新一・筒井康隆……不可思議な現象と科学に好奇心を燃やし、未知の分野だったＳＦを広めようと苦闘する作家たちの物語。

豊田有恒 著・本体一八〇〇円（+税）

日本アニメ誕生

『鉄腕アトム』『宇宙戦艦ヤマト』など、エポックメイキングとなる作品とともに歩んだ筆者が、貴重なエピソード・お蔵出しの資料とともに伝えるアニメ誕生秘話！

豊田有恒 著・本体一八〇〇円（+税）